KB023826

내 마음은
존—버 중입니다

내 마음은 존—버 중입니다

웰시 지음

알고싶대 01

자존감, 관계, 감정에 휘둘리는 십대를 위한 마음 처방전

\# 외모 콤플렉스

\# 부러움

\# 인싸가 되고 싶어

♥ 205

\# 화내면 나쁜가

\# 거절의 미덕

STOP

\# 무기력

\# 친구관계

* Point!
나를 먼저 생각하자

풀빛

너희 때가
제일 좋을 때라는 말

안녕? 나는 마음을 그리는 그림 에세이 작가 '웰시'라고 해. 십 대 때 어른들은 "너희 때가 제일 편하고 좋은 때"라고 내게 자주 이야기하셨어. 먹고 살 걱정 없이 공부만 하면 되니 얼마나 좋은 때냐고.

하지만 난 살면서 가장 힘들었던 때를 꼽으라면 주저함 없이 십 대 시절을 떠올리곤 해. 무엇이 그렇게 힘들었냐고? 비교의식, 타인의 시선에 대한 불편감, 친구 관계 스트레스와 소외감, 배신의 상처, 선생님과의 마찰과 부당한 권위에 대한 의문, 천편일률적인 입시 위주 공부, 경쟁 분위기의 학교생활, 만성 잠 부족, 무기력한 몸 컨디션 등… 모두 다 쓰자

면 이 책 한 권으로 모자랄 것 같아.

우울, 불안, 화, 슬픔 등 여러 감정이 내 안에서 꿈틀댔어. 하지만 요동하고 복받치는 감정의 파도와 자주 씨름하면서도 그 마음을 알아차리는 방법도, 표현하는 방법도 몰랐지. 그것들을 그저 덮어두고 외면하거나 억누르기에만 급급했어. 그러다가 감정의 찌꺼기가 쌓이고 부패되어 감당할 수 없어지는 순간들이 왔지. 그럴 때면 혼자 동굴 속으로 들어가 버리기도 하고, 때론 타인 앞에서 눈물이 터져 당황하기도 하고, 남몰래 소극적인 화로 표현하기도 했어.

혹시 이 책을 읽고 있는 너도 십 대인 지금이 힘드니? 그렇다면 이렇게 말해 주고 싶어. "지금 네가 진짜 힘든 시절을 지나고 있는 거"라고. 그리고 흔히 쓰는 '존버'라는 말처럼, 극복할 수 없다면 존중하며 버텨 보자고. (*존버는 원래 약간의 욕이 섞인 말이지만 '존중하며 버티기'라고 순화해서 표현하고 싶어.)

삶은 원래 '버텨 내는 것'이라고 생각해. 인생은 마치 지구를 끌어당기는 중력의 법칙처럼 기본값이 원래 플러스(+)가 아닌 마이너스(-)로 흐르도록 설정되어 있는지도 몰라. 그러니 더 마이너스로 곤두박질치지 않고 그 자리를 버티는 것만으로도 이미 무척 많이 애쓰고 있는 거라고 봐. 그러다 용

케 제로(Zero, 0)가 되면 더 좋고, 그러다 좀 더 힘이 생겨 플러스가 된다면 그건 '행운'이고 말이야.

하지만 멋모르고 무작정 혼자 버텨 내면 너무 힘들잖아. 그러니 내가 '조금 덜 버겁게 버티는 법'을 안내해 줄게. 나의 십 대 시절 흑역사도 좀 풀어 볼까 해. 찌질하다고 생각되면 마음껏 비웃어도 좋아. 그리고 내가 만났던 네 또래 친구들의 이야기도 조금 곁들여 볼 생각이야.

오늘 하루, 사는 게 쉽지 않다고 느낄 때 어떻게 자신을 다독이며 버틸 수 있을지 찬찬히 이야기해 볼까?

오늘의 하루를 응원하며
김세은(웰시)

차례

감정
소화하기 어려워도 인정하며 버티기

CHAPTER 02

친구
불편한 관계 속에서 성장하며 버티기

CHAPTER 03

가족
바꿀 순 없지만 기대하며 버티기

CHAPTER 04

오늘 하루
그러함에도 불구하고 오늘도 버티기

CHAPTER 05

CHAPTER 01

마음에 들지 않아도
존중하며 버티기

나는 왜 나를 좋아하기가 어려울까

집에서 둘째인 재경은 항상 형의 그늘 아래에 있는 느낌이었어. 키 크고, 잘생기고, 공부에 운동까지 잘하는 형은 학교에서 늘 반장을 도맡아 하고, 인기도 많았지. 부모님도, 주변 사람들도 그런 형을 칭찬하고 좋아했어.

그런 형에 비해 재경은 모든 면에서 평범했지. 그래서 자신이 초라하게 느껴지곤 했어. 어디 형뿐인가? 명절에 친척들이 모이면 잘나가는 사촌 형, 누나들과도 비교되곤 했지. 명문대에 들어갔네, 대기업에 들어갔네, 고시에 붙었네 하는 자랑 릴레이에 재경이는 설 자리가 없었어.

심리 상담사인 내가 정말 많이 받는 질문이 하나 있는데,

뭔지 아니?

"제가 자존감이 낮은데 어떻게 자존감을 높일까요?"

정말 많이 묻곤 해. 아마도 그만큼 우리 스스로가 자신을 '있는 그대로' 온전히 받아들이고 좋아하기 어려운 시대에 산다는 뜻이겠지. 그래서인지 한때 대중매체나 서점에서 '자존감'이라는 주제가 인기였어. 마치 자존감이 모든 문제의 원인인 것처럼, 그래서 이 문제만 해결하면 신기루처럼 모든 마음의 어려움이 깨끗하게 사라지고 삶이 행복으로 가득 찰 것 같았던 거지.

하지만 이런 생각은 좀 위험해. 왜냐하면 '자존감'이라는 녀석의 정체가 참 모호하기 때문이야. 글자 하나만 다른 '자신감'과 헷갈리기도 쉽고 말이야. 지금 이 글을 읽는 너도 머릿속으로 '자존감이랑 자신감이 뭐가 다르지? 똑같은 말 아닌가?' 하고 생각할 수도 있어. 하지만 이 두 가지 개념은 완전히 달라.

긴장해, 개념 설명 들어간다.

자존감과 자신감은 어떻게 다를까?

자존감은 '나 자신을 있는 모습 그대로 존중하고 사랑할 수 있는 마음'이야. 반면 **자신감**은 '자기 효능감'이라고 할 수 있지. 즉, 자존감이 자신의 존재 가치에 대한 느낌이라면, 자신감은 자신의 능력에 대한 느낌인 거야.

> 자존감 = 존재 가치
> 자신감 = 능력치에 대한 느낌!
> 밑줄 쫙 오케이?

그럼 자존감이 높은 사람은 어떤 사람일까? 공부를 잘하든 못하든, 키가 크든 작든, 인기가 많든 적든, 자기 자신에 대한 만족감이 충만한 사람이야. 보통 이런 사람은 자신감도 상당히 높은 경우가 많아.

반면, 자신감이 넘치는 사람이 자존감도 높다는 보장은 없어. 정말 의외지? 공부를 잘하는 친구들이나 사회적으로 성공한 사람들 중에 의외로 자존감이 낮은 사람들이 꽤 많아. 이들은 낮은 자존감이 오히려 치열한 노력의 동력이 된 경우들이지.

여기까지만 설명하면 뭔가 심리학 지식이 1 정도 늘었다는 기분 좋은 느낌만 들 뿐, 실제로 살아가는 데 무슨 도움이 되나 싶지? 그래서 지금부터는 이 모호한 '자존감'이란 녀석을 본격 해체해서 '나를 사랑하는 법'을 알아 보려 해. 자존감이 곧 나를 사랑하는 마음과 연결되니까 말이야.

딱 네 가지 요소만 기억하면 돼. 생각, 감정, 관계, 가치관.

나를 사랑하는 법

♥ 생각
내 안의 부정적인 (생각)들을 보다 긍정적이고 삶에 도움이 되는 방향으로 바꿔 가는 것을 말해.

♥ 감정
내 안에 올라오는 다양한 (감정)을 수치스러워하거나 비난하지 않고, 있는 그대로 인정하고 받아들이는 것을 말해.

♥ 관계
다른 사람들과의 (관계)에서 회피하거나 급발진하지 않고 마주해 마음을 주고받으려고 애쓰는 것을 말해. (친구 관계뿐 아니라 자신의 뿌리인 가족이나 성장 환경을 이해하고 받아들이는 것도 포함해.)

♥ 가치
내 삶에서 무엇이 더 소중한 (가치)인지 우선순위를 정하고 그것을 지키며 살아가는 것을 말해.

뭔가 좀 어렵게 느껴지니? 걱정하지 마. 이 책을 다 읽고 나면 이 말들이 무슨 말인지 이해하게 될 거야. 그리고 '나를 존중하고 사랑할 수 있는 마음'인 자존감을 누군가에게 설명할 수도 있게 될 거고.

> ## 잘해야만
> ## 사랑받을 것 같을 때

나, 혹시 완벽주의 아닐까?

몇 년 전에 있었던 일이야. 한 인기 걸그룹 아이돌 가수가 최절정 인기를 누리고 있는 시점에서 돌연 은퇴를 선언했어. 그리고 시간이 흐른 후 공중파 방송에 출연해 당시 사람들에게 아무리 박수를 받아도 더는 잘할 수 없을 것 같은 마음이 들었다고, 그래서 포기하고 싶었다고 말했어.

정신건강 전문가가 본 그녀는 전형적인 완벽주의 성향의 사람이었어. 사람들은 보통 '완벽주의자'라고 하면 모든 일을 빈틈없이 다 해내는 사람을 떠올려. 그래서 완벽주의자

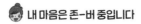

는 공부도, 일도 끝까지 잘 해내는 사람 중에만 있을 거로 생각하지.

하지만 실제로 완벽주의자 중에는 그렇지 않은 경우가 의외로 많아. 잘해야 한다는 압박감 때문에 오히려 어떤 일도 시작하지 못하거나, 도중에 손을 아예 놓아 버리는 경우도 많지. 그래서 성적이 우수한 학생뿐 아니라 성적이 좋지 못한 학생 중에도 완벽주의 성향인 경우가 얼마든지 있을 수 있어. 그런 친구들 중에는 '잘하지 못할 바에야 그냥 노력을 별로 안 해서 못했다고 말하는 게 낫겠다'고 생각하기도 해.

완벽주의 성향을 지닌 사람은 자기 자신을 향한 기준과 잣대가 너무 높아. 기준이나 잣대가 적당히 높으면 스스로를 발전하게 만들지만, 너무 높으면 괴로울 수밖에 없어. 왜냐하면 그 기준이라는 것이 매우 주관적인 거라서 사람마다 다르기 때문이야.

사랑받고 싶었던 걸까?
———

왜 이렇게 기준이 높아진 걸까? 그건 '잘해야만 사랑받을 것 같은 마음' 때문이야. 자신의 가치를 '사람들로부터 능력을 인정받는 것'에 두고 있어서 그래.

이런 완벽주의 성향은 타고나기도 하지만, 성장 과정에서 후천적으로 생겨나기도 해. 아무 조건 없이 있는 그대로의 내 모습을 사랑받은 경험이 적을수록 그래. 또한, 실수했을 때 크게 비난받은 경험이 많아서일 수도 있어. 반대로, 내가 생각하는 나의 능력치 이상으로 과도하게 칭찬과 기대를 많이 받았을 때도 완벽주의 성향이 나타날 수 있어.

아, 물론 비난이나 과한 칭찬을 받은 경험이 없어도 완벽주의 성향은 나타날 수 있어. 부모(또는 주 양육자인 어른)님이 평소엔 별로 관심을 주지 않다가 무언가를 잘했을 때만 관심을 주었을 경우에 그렇지.

나에게도 비슷한 경험이 있어. 연년생인 삼 남매 중에 둘째로 태어난 나는 어릴 적에 부모님의 관심을 원하는 만큼 받기가 어려웠어. 항상 3분의 1로 분산될 수밖에 없었지. 그런데 평범하고 큰 관심을 받을 일이 없던 내가 그림을 잘 그리거나 1등 성적표를 받아올 때면 모두가 주목해 주는 거야. 선생님과 부모님, 주변 사람들로부터 기대와 칭찬을 많이 받았지.

좋았냐고? 아니, 오히려 불안했어. 그때부터 20대 초중반까지 나는 무슨 일을 하든 아주 '잘해야' 하고, 그래야만 '내가 가치 있고 사랑받을 수 있다'는 생각과 압박감에 굉장히 시달렸어.

이런 사람들이 성인이 되면 직장 생활을 하다 워커홀릭(workaholic)이 되고, 번 아웃(burnout)을 경험하게 돼. **번아웃 증후군**이란 한 가지 일에 몰두하던 사람이 정신적·육체적으로 극도의 피로를 느끼고 이로 인해 무기력증, 자기혐오, 직무 거부 등에 빠지는 증상을 말하는데, '연소 증후군', 혹은 '탈진 증후군' 등으로도 불리고 있어.

이런 증상을 겪는 이유는 '나'라는 사람의 가치를 '능력'과 일의 '성과', 그로 인한 '타인의 인정'으로부터 찾기 때문이야. 그러다 보면 '생산적'이라고 느껴지는 공부나 일을 하고 있지 않을 때 불안하거나, 자신 스스로가 한심하게 느껴져서 마음 편히 쉬지를 못하지. 그렇다 보니 무엇인가를 열심히 이뤄 내고 있는데도 마음이 행복하지가 않아.

나를 인정해 주는 마음이 필요해

완벽주의 성향은 바꿀 수 없는 걸까? 아니, 오랜 시간이 걸리겠지만 꾸준히 노력하면 얼마든지 극복할 수 있어.

먼저, 자신 안에 '타인의 인정과 관심에 목마른 아이'가 살고 있다는 걸 인식하는 게 첫걸음이야. 그리고 이것을 스스로에게도, 타인에게도 어느 정도는 대놓고 표현해 봐. 이건 나와 아주 친한 사람이 가르쳐 준 마법의 주문인데, 소리 내어 따라 해 봐.

"플리즈 인정 미(please 인정 me)."

사람마다 정도의 차이가 있긴 해도, 어떤 일을 남보다 잘하는 능력이 있다는 느낌, 즉 유능감의 욕구는 모든 사람에게 다 있어. 누구나 잘 살고 싶고 뭐든 잘 해내고 싶지.

하지만 잘 해내지 못했을 때, 스스로가 무가치하고 쓸모없게 느껴지거나 자괴감에 빠지거나, 자기 혐오감이 든다면 그 마음은 점검할 필요가 있어. 자신을 스스로 '사람'이 아니라 '도구'로 보고 있는 거니까.

모든 것을 '아주 잘 해내거나 아니거나(all or none)'의 둘 중 하나로만 바라보았던 이분법적인 기준을 내려놓아야 해. 그리고 퍼센트(%)로 바꿔 생각하는 연습을 해 보는 거야. 시험 성적을 내가 기대한 만큼 잘 받아야만 성공이고 그것에 미치지 못하면 실패가 아니라, "그래도 70% 정도는 해냈네,

나 정말 애썼다" 하고 인정해 주는 게 필요해. 더 노력해야겠다고 마음먹는 것은 그다음의 일이야. 칭찬과 인정이 먼저! 알았지?

'잘해야 한다'는 압박감이 강한 사람들은 대체로 책임감이 강하고 맡을 일을 잘 해내는 장점이 있긴 해. 하지만 그러기까지의 과정에서 스트레스를 많이 받고, 수시로 괴로운 마음이 들 때가 있을 거야.

Before
(이분법적인 기준)

After
(칭찬과 인정이 먼저)

완벽주의 성향이 있는 사람은 스스로를 돌아봐야 해. '압박감 덕분에' 공부나 어떤 일을 하는 데에 필요한 동력을 얻고 있는지, 아니면 '압박감 탓에' 신체와 정신 건강을 해치는 수준인지 말이야. '덕분'이면 괜찮지만, '탓에'라고 느껴지면 자신에게 가혹한 기준을 낮춰야 해.

기준을 낮추는 건 어렵지 않아. 예를 들어 너무 막막한 큰 목표(전교 1등)가 아니라, 작은 목표(수업 때 졸지 않기)를 하나 정도 정해서 그것부터 해 보는 거야. 내 마음에 꽉 차는 기대치 수준에서 80% 정도만 낮춰 목표를 잡는 게 좋아.

무엇보다 계속해서 자신을 업그레이드시켜야 한다는 '발전에 대한 강박'도 내려놓으면 좋겠어. 스펙(spec)이라는 표현을 들어 본 적 있니? 스펙은 본래 제품의 능력치(사양)를 나타내는 데 쓰는 'specification'이라는 단어에서 나온 말이야. 그 단어를 사람에게 사용하는 건, 사람을 은연중에 도구나 물건처럼 바라보는 거지.

물론 청소년기에 열심히 노력해서 실력을 키우는 건 중요한 일이야. 하지만 나 자신을 매일, 매 순간 발전시키지 않으면 무가치하고 쓸모없는 존재가 될 거라고 생각하는 건 옳지 않아. 지금 하고 있는 모든 노력의 이유가 자신이 '소중한 사람'이기 때문이었으면 좋겠어.

👧 내 마음은 존-버 중입니다

> ## 예쁘고 잘생기지 않은
> ## 내가 싫어

박태준 작가의 웹툰 〈외모 지상주의〉는 못생기고 뚱뚱한 외모로 학교에서 일진들에게 매일 괴롭힘을 당하던 남자 주인공이 어느 날 갑자기 완벽한 외모를 지닌 새로운 몸을 얻게 되면서 벌어지는 이야기를 그리고 있어.

또 다른 인기 웹툰인 야옹이 작가의 〈여신 강림〉 역시 못생긴 외모로 친구들한테 왕따당했던 여자 주인공이 열심히 화장을 연습해 예뻐지면서 일어나는 이야기를 담고 있지.

웹툰 속 주인공의 외모 고민은 십 대들이 공감하는 내용이야. 내가 상담을 위해 만난 학생 중에 지우라는 아이는 외모 콤플렉스가 있었어. 지우는 친구들에게 못생겼다고 은근히 무시당한 경험이 있거든. 직접적으로 "야, 너 못생겼다"라는 말을 듣기도 했고, "넌 왜 안 꾸며?"라는 핀잔도 들었대. 그래서 화장을 시작했는데, 그때부터 잘 꾸미고 예뻐진 모습을 친구들이 칭찬해 주는 거야. 지우는 예뻐야 사람들이 자신을 더 좋아한다고 믿게 되었어. 그러다 외모 꾸미기에 집착이 생겨 버렸고, 점점 심해지자 힘들어졌대. 평소에는 괜찮은데 늦잠 자서 잘 꾸미지 못하고 학교에 온 날은 자신감이 떨어지고 기분이 아주 좋지 않았거든.

나도 지우와 비슷한 경험이 있어. 모델 같은 외모를 가진 우리 집 남매들 사이에서 나 혼자만 통통한 다리여서 그게 콤플렉스였지. 고등학교 땐 갑자기 살이 찌고 얼굴에 뾰루지가 자주 나서 사람을 대할 때 자신감이 떨어졌어. 나는 고향이 경상도인데, "니, 고마 얼굴이 지저분하이 와글노?"와 같은 투박한 농담 섞인 말을 들은 날이면, 그게 하루 종일 머릿속을 떠다니기도 했어.

스무 살이 되면서 살 빼고, 화장하고, 머리도 기르고, 옷도 예쁘게 입어 이전보다 세련된 외모가 되었어. 용돈을 모아 붙임머리라는 것도 해 보고, 인터넷 쇼핑몰의 피팅 모델 아르바이트를 하면서부터는 외모를 많이 꾸몄어. 처음엔 이전보다 화려해진 내 외모에 만족감을 느꼈던 게 사실이야. 그런데 점점 남들 시선을 신경 쓰다 보니, 외모를 꾸미지 못한 날에는 사람들 앞에 서기가 부끄럽고 자신감이 떨어졌어.

그뿐만 아니라, 누가 나한테 좋아한다고 말해도 기분이 좋지 않았어. 내가 날씬하고 예뻐서 상대가 좋아하는 거라고 생각했거든. 바꿔 말하면, 내가 날씬하고 예쁘지 않으면 사람들이 날 좋아하지 않을 거라고 생각했던 거지.

결국 외모의 변화는 나에게 어느 정도의 자신감을 잠시 가져다주기는 했지만, 내 마음속의 근원적 열등감과 불만족, 불안을 완전히 바꿔 줄 수는 없었던 것 같아.

'나'가 원하는 걸까, '남'이 원하는 걸까?

누군가의 평가가 섞인 무심한 말에 우리는 신경 쓰고 상처를 받을 때가 많아. 그건 내 안에 '열등감 렌즈'가 있기 때문이야. 간혹 외적으로 평범한 모습인데도 어떤 부위에 대해 유독 열등감을 심하게 가진 친구들을 만나곤 하는데, 물어보면 집에서 가족에게 부정적인 피드백을 반복적으로 들은 경험이 있다는 경우가 꽤 많아. 좀 통통한 정도인데도 "뚱뚱하다", "살 빼라" 하는 말을 자주 들었다거나, 건강미 있고 괜찮은 다리인데 "뼈가 굵다", "코끼리 다리 같다"는 부정적인 말을 들은 경우들이지.

사람이 무인도에서 혼자 살지 않는 이상, 어느 정도는 사람들 사이에서 내가 어떻게 비치는지에 대해 아예 신경 쓰지 않고 살 수는 없을 거야. 하지만 외모 변화에 대한 어떤 욕구 때문에 마음이 괴로울 정도라면, 타인의 잣대(기준)가 내 안에 그대로 스며들었다는 신호야. "만약 내가 무인도에 산다고 해도 그것을 원할까?"를 스스로에게 물어 보면 이것이 타인에게 사랑받기 위해 생겨난 욕구인지, 그냥 나 자신이 원해서 생겨난 욕구인지를 구분할 수 있을 거야.

불안한 감정에 이름 붙이기

————

예쁘고 잘생기지 않으면 안 될 것 같은 불안감이 너를 많이 짓누르니? 그럴 때 감정에 이름을 한 번 붙여 봐. 예를 들면 비만이 아닌데도 살을 빼야만 한다거나, 절대 먹으면 안 된다는 불안한 감정에 시달린다면 그 감정에 '삐뽀삐뽀'라고 이름을 붙이는 거지. (응급 상황에 울리는 구급차 소리 같지?)

실제로 내 친구가 자신을 괴롭히는 감정에 사용했던 별명

이야. "나 어제 삐뽀삐뽀가 또 와서 한바탕하고 갔잖아! 걔가 내 머릿속에서 어제 뭐라뭐라 하길래 '닥쳐!' 한마디하고 무시했지"라고 친구는 말했어. 덕분에 우리는 심각하게 대화를 시작했다가 웃으며 이야기를 끝낼 수 있었어. 감당하기 힘든 감정에 '삐뽀삐뽀'란 이름을 붙였더니 마음에 여유가 생긴 거야.

심리 치료 방법 중에 이렇게 하는 것을 **'문제의 외재화'**라고 해. 문제를 분리하고 객관화하기 위해서 문제에 이름을 붙이고 의인화하는 거야. 그러면 자신을 문제와 분리할 수 있고, 수치심과 죄책감이 덜어지면서 문제 해결에 대한 통제력과 의지를 가질 수 있게 되지. "사람(나) 자체가 문제가 아니라, 문제가 문제다"라는 시선을 갖게 해 주는 거야.

꼭 외모에 대한 문제가 아니더라도, 자신을 자주 괴롭히는 문제 상황이나 감정, 생각, 행동에 이름을 지어 봐.

SNS 속 세상에서
'나'로 살아가기

SNS에 포스팅을 올린 지 한참 지났는데 기대했던 것보다 반응이 적으면 어때? 기분이 별로지? 시무룩해지는 건 누구나 마찬가지야. 정도의 차이일 뿐이지.

'좋아요'가 별로 없고 댓글이 거의 달리지 않은 내 포스팅을 보다가 인기 많은 사람들의 포스팅을 보면 '괜히 올렸나' 하는 마음이 들기도 하고.

메신저 단톡방에 올린 내 메시지에 몇 분이 흘러도 아무도 답을 안 하면 그땐 더 기분이 별로잖아. 무안한 마음이 들었다가 '혹시 사람들이 날 안 좋아하는 건가?', '내가 뭘 잘못했나?' 하는 생각이 들기도 하지.

SNS를 열심히 할수록 상대적 박탈감, 우울, 불안, 스트레스 지수가 높아져서 정신 건강에 해롭다는 연구 결과는 오래전부터 계속 발표되어 왔어. 심지어 '페이스북'은 2017년, 회사 공식 블로그에 자사의 서비스가 정신 건강을 해칠 수도 있다는 글을 올리기까지 했을 정도야.

SNS의 어떤 면이 우리의 마음을 힘들게 하는 걸까?

비교하는 삶, 보여 주고 싶은 나

타인과의 비교의식이 가장 문제야. 사람들은 대부분 SNS에 '타인에게 보여 주고 싶은 모습'만을 골라서 올리지. 결국 SNS는 '가장 화려하고 빛나는 최고의 순간들'만이 도배된 공간이라고 봐도 과언이 아니라는 건데, 캐나다의 디지털 마케터이자 소셜 미디어 전문가인 베일리 파넬(Bailey Parnell)은 이것을 '하이라이트 뭉치(highlight reel)'라는 표현으로 설명했어.

SNS 속 사람들도 현실에서는 먹고, 자고, 싸고, 외로움과 고민을 가진 나와 똑같은 사람들인데, 우리가 SNS를 통해 보는 건 멋진 옷을 입고 멋진 음식을 먹고, 그리고 멋진 사람

들과 어울려 행복하게 지내는 모습만 보게 되지.

　문제는, 우리가 무의식적으로 그 삶의 일부분만 보고서 자신의 평범함, 또는 현재 만족스럽지 않은 일상과 비교한다는 거야. 눈을 떴다가 잠들기까지 하루 종일 타인의 삶과 내 삶을 비교하게 된 거지.

　하지만 대부분의 사람은 불균등한 두 가지를 비교하고 있다는 것을 잘 인식하지 못해. 마치 조명이 켜진 무대 위와 어둡고 분주한 백 스테이지(back stage)를 비교하고 있는 것과 같다는 것을 말이야. 이 사실을 잊은 채 타인의 삶보다 초라해 보이는 자신의 현실에 불만족을 느끼지. 이로 인해 자존감도 떨어지고.

그뿐만 아니라, SNS에 몰입하다 보면 타인의 시선을 지나치게 의식하게 돼. 사람들이 나를 어떻게 생각할지, 내가 남들에게 어떻게 비칠지를 말이야. 나의 존재 가치가 타인의 기준에 의해 결정되는 것이 결코 아님에도 '좋아요'나 '댓글' 같은 사람들의 반응에 집중하다 보면, '진짜 나'는 점점 사라지고, '다른 사람이 좋아할 나'를 만들어가게 돼. 내가 타인에게 가치 매김과 평가당하는 걸 당연하게 받아들이는 단계까지 도달하는 거지.

이 외에도 SNS를 할수록 자꾸만 빠져드는 '지나친 의존'이나 '중독'의 문제도 지적할 수 있어.

타인과 나의 연결 고리

SNS가 정신 건강에 해로우니 무조건 하지 말라고 하는 건 의미가 없어. 사실, 그동안 맺어온 관계나 모아둔 자료들을 생각하면 갑자기 어떻게 그만두나 싶을 거야. 친구들의 소식도 궁금하고, 아예 하지 않으면 소외될 것 같은 마음이 들 테니까. 그렇다면 어떻게 SNS를 사용해야 하는 걸까?

먼저, 내가 '영향받고 있다'는 사실을 계속해서 인식하는 게 중요해. 메시지나 게시물에 대한 사람들의 반응을 보고 기뻐하고 슬퍼할 때, 타인과 비교하게 될 때의 감정을 스스로 돌아보는 거지. 사람들의 평가를 통해 내 존재를 인정받으려는 마음이 있지는 않은지, 내가 무엇을 두려워하는지, 타인의 멋있어 보이는 삶과 나의 평범한 일상을 비교하고 있지는 않은지 말이야.

그리고 'SNS'는 소셜 네트워킹 서비스(social networking service)라는 걸 잊지 말아야 해. 즉, 온라인상에서 이용자들이 인적 네트워크를 형성할 수 있게 해 주는 서비스일 뿐이지, 일기장이 아니라는 거야. 정보 교류와 마케팅의 공간이자, 사람들과 교류하는 사회적 공간이라는 특성을 정확히 이해해야 해. 그런 다음, 목적에 맞게 나와 타인의 공통 관심사를 포스팅하는 게 좋아. 그래야 관심과 좋아요 반응을 얻을 수 있을 테니까.

그런데 만약 그렇게 했는데도 사람들에게 반응이 없다면 '그럴 수도 있지'라고 가볍게 넘기는 쿨함이 필요해. 내 포스팅이나 메시지가 다른 사람들에게 반응을 얻지 못했다고 해서 그것이 꼭 부정적으로 평가되었거나 거절되었다는 의미가 아니니까. 나의 관심사가 다른 사람들에겐 별로 관심 없는 주제일 수 있어.

물론 포스팅에 대한 반응이 적은 게 아쉽겠지만 네 감정이 여기에 휘둘리게 두지 마. 내가 다른 사람들의 포스팅이나 메시지를 읽고 관심 없는 주제일 때 그냥 가볍게 넘기는 것처럼, 다른 사람들도 비슷하다고 생각하면 돼.

> ## 내가 나와
> ## 친하게 지내려면

생각이 너무 많아서 뒤척이다 잠들지 못한 적 있니? 생각이 꼬리에 꼬리를 물다가 부정적인 생각으로 가득 차 머릿속을 비워 내고 싶지만 그러지 못한 경험은 있니?

그럴 때 생각의 대부분은 과거에 대한 후회, 자기 자신에 대한 자책, 미래에 대한 염려로 흐를 때가 많아.

《나는 왜 내가 힘들까(The Curse of the Self)》를 쓴 미국의 심리학자 마크 리어리(Mark R. Leary) 교수는 나에게 가장 모진 사람이 다름 아닌 '내 안의 나'라고 했어. 실제로 우리는 어떤 문제가 발생해서 괴로울 때보다 그 상황 속에서 혹독한 목소리를 내는 내면의 자아(주로 자신이 만들어 낸 생각들) 때문에 괴로울 때가 훨씬 많아.

　본래 인간의 뇌는 **'부정 경향성'**이라는 특징이 있어. 부정 경향성이란 뇌가 긍정적 정보보다는 부정적 정보에 필연적으로 더 집중하고 주목하는 것을 말해. 마치 중력의 법칙처럼, 가만히 두면 물이 위에서 아래로 흐르듯이 원래부터 인간의 생각이 부정적으로 더 흐르도록 뇌의 기본값이 세팅되어 있다는 뜻이지. 그래서 부정적인 생각을 하다 보면 어느새 습관이 되는 거야.

　다양한 심리학 연구에 따르면, 인간이 느끼는 삶의 행복과 불만족은 우리가 겪는 현실적 상황이나 조건보다는 사고방식과 그로 인한 삶의 자세와 태도에 의해 더 결정된다고해. 한마디로 상황을 어떻게 해석하는가에 따라 행복과 불행이 결정된다는 거야.

　그래서 합리정서행동치료(REBT)와 인지행동치료(CBT)와 같은 심리 치료에서는 그 사람이 '생각하는 방식'을 알아차리고 바꾸도록 하는 작업을 중요하게 다뤄. 현실에 도움될 수 있는 방향으로 생각의 방향을 바꿔 가는 데에 주력하지. 다행스럽게도 우리 뇌는 '말랑하고 유연함(신경가소성)'이라는 특성이 있어서 **'생각 노트'**를 쓰며 연습하는 방법을 시도해 볼 수 있어. 단계별로 조금 자세하게 설명해 줄게.

♥ 상황, 생각, 감정 적기

먼저 노트를 세 칸으로 나누고 맨 위쪽에 그날 있었던 일 중에서 마음이 좋지 않았던 일(상황)과 그때 자동으로 떠오른 부정적인 생각과 감정을 적어 봐. 다른 사람이 보는 노트가 아니니까 솔직하게 쓸수록 효과가 좋아.

♥ 생각 점검하기

가운데 칸은 그 생각을 점검하는 칸이야. 점검 기준을 고급 단어로 설명하자면 논리성, 현실성, 유용성인데, 쉽게 설명하면 그 생각이 '주관적인 내 판단이나 추측'인지, 아니면 '객관적이고 정확한 사실'인지를 구분해 보는 거야. 혹 그것이 객관적 사실이더라도 그 생각이 내 삶에 도움 되는 게 아니라면, 그 생각이 날 때마다 '스톱!(stop!)'을 외치기로 마음 먹는 거야.

♥ 새로운 관점 적기

맨 아래쪽 칸에는 새로운 관점을 적어 보는 거야. 긍정 소스를 팍팍 뿌려서.

　이렇게 자신을 힘들게 하는 생각을 구체적으로 써 보는 연습을 하다 보면, 나 자신이 얼마나 놀라울 만큼 비슷한 생각의 늪에 자주, 반복적으로 빠지는지 알게 돼.

　자기 자신과 잘 지내기 위해서 우리 각 사람이 우주의 먼지처럼 작은 존재이지만 동시에 하나의 소우주같이 가치 있

상황, 자동적으로 떠오른 생각과 감정은?	오늘 낮에 학교 복도를 지나가는데 친구 A가 내 인사를 못 들은 척하고 지나갔다. → 'A가 나한테 화난 게 있나? 아니면 나를 싫어하나?' 　'사람을 그렇게 무시하고 지나가면 안 되지.' → 걱정, 불안, 안절부절, 화
생각을 점검하기	• A가 나한테 화가 날 만한 일이 없었어. (논리성) • 급한 일이 있거나 기분이 안 좋으면 주변을 잘 못 살필 수 있지. (현실성) • 만약 일부러 무시한 게 맞다고 해도 이렇게 곱씹으면 내 마음만 괴로워. (유용성)
새로운 생각과 감정 적기	'A가 다른 급한 일이 있거나 딴생각 중이었을 수도 있지. 그리고 혹시 나한테 서운한 게 있어서 일부러 무시한 게 맞다 해도 확인되기 전까지는 추측하지 말고 내일 한 번 더 인사해 보거나 물어 보자.' → 신경이 쓰이긴 하지만 덜 불안해지고 화도 가라앉음.

 내 마음은 존-버 중입니다

는 존재라는 걸 기억했으면 좋겠어.

오늘부터 타인의 시선에 휘둘리는 나에게 이렇게 말해 보렴. "괜히 착각하고 힘들어하지 마. 다른 사람들의 눈도 너무 의식하지 말고. 네가 무엇을 하든, 어떻게 생각하든, 다른 사람들은 별로 관심 없어." 그리고 때론 이렇게도 말해 보렴. "너 자체가 이 세상에 빛나는 하나의 별이자 유일무이한 소우주야. 너는 지금도 충분히 잘하고 있어"라고 말이야.

CHAPTER 02

감정

이 모두 우리의 소중한 감정들!

소화하기 어려워도
인정하며 버티기

부정적인 감정은 나쁜 걸까?

누구나 행복한 삶을 살고 싶어 해. 어떻게 하면 행복해질까를 고민하며 저마다의 환상과 기대감을 가지고 살아가지.

예전에는 똑똑해서 공부를 잘하면 행복한 삶을 살게 될 것이라는 생각에 IQ(지능지수)가 높은 사람들이 주목받았어. IQ가 높으면 공부를 잘하고, 좋은 대학에 가고, 좋은 직장을 얻어 안정적이고 행복한 삶을 살 거라고 생각했었던 거야. 물론 지금도 여전히 많은 사람이 이렇게 생각해.

그런데, 정말로 그럴까?

결론부터 말하자면, 아니 그렇지 않아. IQ와 성공과의 관계, 또는 IQ와 행복의 관련성에 대해 많은 학자가 연구했는데, 그 중 하버드대학교에서 1930년대 말부터 시작한 70여 년간의 추적 연구가 유명해. 하버드대학교 학생 268명과 평범한 남성 456명, 여성 천재 90명, 총 800명 정도의 사람들을 대상으로 그들이 생을 마감할 때까지 추적 연구해 본 결과, 놀랍게도 IQ는 인생의 성공이나 행복에 별다른 영향을 미치지 않았어. 대신, 그들은 인생의 성공이나 행복에 진짜로 영향을 미치는 요소를 찾았지.

그것은 바로 다름 아닌 **EQ**라고 불리는 **정서지능**이었어. 정서지능이란 쉽게 말하면 자신의 감정을 잘 알아차려 조절하고 표현할 뿐만 아니라, 다른 사람들의 감정 또한 잘 이해하고 공감하는 능력을 가리켜. 인간은 '사회적'인 존재이기 때문에 결국에는 관계 맺으며 원활하게 살아갈 수 있어야 삶을 만족스럽게 느끼게 되지.

정서지능은 타고나는 부분도 있지만, 후천적으로 길러지는 부분이 더 많아. 어릴 때 성장하며 가깝게 보고 자란 부모님이나 어른들에게 영향을 많이 받지. 하지만 주변 어른들로부터 긍정적인 영향을 받지 못했다고 해서 그 사람의 행복이 날아가느냐 묻는다면, 꼭 그렇지는 않아. 다행히도 정서지능은 성인이 된 후에도 얼마든지 길러질 수 있어. 희망적이게도 정서지능은 죽을 때까지 '평생에 걸쳐' 길러지고 발전할 수 있는 영역이라고 전문가들은 말하거든.

감정은 우리 삶에서 마치 영화나 드라마를 볼 때 흘러나오는 배경음악(BGM)과도 같은 역할을 해. 영화감독인 스티븐 스필버그는 자신이 만든 영화가 사람들의 눈에 눈물을 고이게 하지만, 눈물을 흘러내리게 하는 건 음악이라고 말했어. 이처럼 감정도 내면에서 잘 소화된다면 우리 삶의 장면들을 보다 풍요롭고 다채롭게 느끼며 온전히 이해하게 해 주는 역할을 하지.

특히 마음의 치유를 위해서는 '감정'의 안내를 따라야 해. 감정이 바로 나 자신을 이해하는 시작점이고, 그 이해가 있어야 다른 사람과 관계를 잘 맺을 수 있어.

〈인사이드 아웃(Inside Out)〉이라는 애니메이션을 본 적 있니? 나는 십 대 때 꼭 한 번은 봐야 할 영화로 강력히 추천하고 싶어. 이 영화는 '감정'에 대한 심오한 고찰을 굉장히 재미있고 감동적으로 풀어내고 있거든.

주인공 소녀 라일리의 머릿속에는 다섯 가지 감정 캐릭터가 살고 있어. 기쁨, 슬픔, 소심, 까칠, 버럭(화)이라는 감정이들은 서로 돕기도 하고, 티격태격하면서 라일리의 삶에 색채를 더하지. 스포(spoiler) 방지를 위해 줄거리를 읊진 않겠지만, 영화 내내 라일리가 겪은 일련의 힘든 시간 동안 이 감정이들이 각자의 위치에서 어떻게 노력하는지가 나와.

다섯 감정이들 중에 이 책을 읽고 있는 청소년들과 함께 주목하고 싶은 캐릭터는 '슬픔'이야. 슬픔이는 영화 초반부터 사고뭉치 캐릭터로 등장해. 그게 당연한 것이, 슬픔이가 조종간을 잡으면 라일리가 슬프고 우울해지기 때문이지.

하지만 후반부에 반전이 일어나는데, 감정적으로 무감각해져 폭주하는 라일리를 다른 감정이들 누구도 막지 못하지만, 그 폭주를 멈추게 하고 심리적인 회복을 이끌어 내는 영웅이 바로 슬픔이야. 정말 이 부분은 눈물과 힐링을 동시에 느끼게 해 주는 명장면이야.

어린아이일수록 자기 감정에 굉장히 솔직해. 자신 안에서 일어나는 감정을 판단하지 않고, 있는 그대로 받아들이며 표현하지. 하지만 영화 속의 주인공 라일리처럼 우리는 나이가 들어갈수록 부정적인 감정이 들어도 그렇지 않은 척하는 처세술이 늘어 가. 슬퍼도 슬프지 않은 척, 화나도 화나지 않은 척 하는 거지. 하지만 이 영화는 우리 안의 부정적인 감정들마저 모두 '있는 그대로 인정받아야 마땅한' 것이라고 이야기해주고 있어. 기쁨, 즐거움 같은 긍정적인 감정뿐 아니라 슬픔, 화, 우울, 불안, 짜증 등 부정적인 감정들도 모두 자연스러운 거야.

하지만 대부분의 사람은 자신 안의 부정적인 감정을 잘 인정하지 않으려고 해. 이런 부정적인 감정들을 인정하면 마치 자신이 나쁜 사람이 된 것 같다고 느끼기 때문이야. 이것을 '감정에 대한 감정'이라고 해서 **초감정(메타 감정)'**이라고 불러. 감정을 감독하는 감정이라고나 할까?

우리 잠시 가만히 생각해 보자. 부정적인 감정을 가진다고 내가 나쁜 사람인 걸까? 아니, 그렇지 않아. 누구나 당연하게 느끼는 자연스러운 감정이니까 있는 그대로 인정하고 받아들이면 돼.

이 세상에 틀린 감정은 없어! 감정 그 자체는 언제나 옳은 것이고, 저마다의 가치를 지닌 소중한 것이니까. 모든 감정엔 다 이유가 있고, 필요한 거야. 그것이 로봇과 인간의 가장 다른 점이겠지. 로봇처럼 감정이 메말라 있다면 얼마나 삭막하겠어!

아, 마지막으로 한 가지만 더 강조할게. '감정'은 내 피부에 매일 다르게 와 닿는 날씨처럼, 매일 바꿔 입는 옷처럼, 그저 '나의 상태'이자, '겉'이자, '일부'일 뿐이야. 부정적인 감정을 가졌다고 내가 나쁜 사람은 아니라는 거지.

그러니 오늘 내가 슬프다고 해서, 지금 내가 화가 난다고 해서 내가 나쁜 사람은 아니라는 걸 기억했으면 좋겠어.

　청소년을 상담하다 보면 우울감을 호소하는 십 대 친구들을 의외로 많이 만나. 그래서 가만히 내 십 대 시절을 돌아보니, 나 역시 그 시기에 유독 우울을 마치 내 바탕색처럼 가지고 살았던 것 같아. 특히 여고 시절엔 내내 남몰래 아주 우중충했지. 낙엽 굴러가는 것만 봐도 까르르 웃으며 즐거워하는 때가 여고생 시절이라던 어른들의 말에 나는 찬성할 수 없었어.

　어떤 사람은 우울감이 가볍게 왔다가 지나가지만, 어떤 사람은 묵직한 우울감이 마치 그림의 바탕색처럼 마음속 깊이 오랫동안 깔리기도 해. 생활 전반에 즐거움과 의욕이 사라

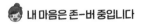
내 마음은 존-버 중입니다

지고 무기력해져서 모든 일이 어렵게 느껴지지. 심하면 먹고 자는 것까지 어려워지는데도 그 이유를 찾지 못할 때가 많아. 생각도 온통 부정적이고 비판적이게 되어 버리지. 그게 지속되다 보면 어느 순간부턴 감정이 있어야 할 자리가 마치 텅 빈 것 같이 느껴지고 머릿속에 뿌연 안개가 가득한 느낌이 들기도 해. 일종의 마비된 느낌을 경험하기도 하고. 그래서 '이게 원래 내 성격인가?', '나는 원래 우울한 사람인가?' 하는 걱정을 하게 되지. 나를 뺀 모든 사람이 행복해 보이고 말이야.

사실, 우울은 개인의 문제로 보기 어려워. 그리고 개인의 의지로 이겨 내야 하는 영역이라고 보기도 어렵고. 유전적이거나 기질적으로 타고나는 부분을 무시할 수 없거든. 태어날 때부터 우울이 높은 기질을 타고났을 수 있고, 또한 성장 과정에서 강화되다 보니 성인이 되었을 때 우울이 성격으로 굳어지는 경우도 꽤 많아.

하지만 청소년기에 경험되어지는 우울은 좀 다른 면이 있어. 성격이라기보다는 그 시기 자체의 영향인 경우가 많거든. 청소년기에는 뇌와 호르몬이 발달하면서 나타나는 특성과 환경적 특성이 감정에 복합적으로 영향을 미치는 시기거든. 감정을 관장하는 뇌인 변연계가 한창 왕성할 때고. 한마디로, 감정의 태풍이 몰아치는 시기지.

반면, 생각하고 판단하는 기능을 하는 전두엽은 아직 대공사 중이기 때문에, 사고 기능보다는 감정 기능으로 뇌의 기능이 한쪽으로 많이 치우친 질풍노도(강한 바람과 성난 파도)의 십 대가 등장하는 거야.

여담이지만, 이 이유 때문에 청소년기가 SNS에 가장 많은 흑역사를 생성하는 기간이기도 하니까 늦은 밤에는 SNS 포스팅을 자제하는 것이 좋을 거야. 나중에 이불킥을 하지 않으려면 말이지.

이뿐 아니라 학교와 교실이라는 특수한 환경의 영향도 무시할 수 없어. 대학교 입학이라는 하나의 목표를 향해 매일 같은 사람들과 싫든 좋든 얼굴을 맞대고 좁은 공간 안에서 짜인 틀에 따라 생활하는 환경은 엄청난 스트레스를 가져오지. 규율과 학칙 때문에 자율성이 떨어지고, 활기를 갖기 어려운 것도 사실이고.

하지만 이런 기질과 환경 탓만 하고 있으면 매일 우울을 떠안고 살아가게 되어 너무 힘들어질 거야. 그러니 당장 바꿀 수 없는 부분들은 제쳐두고, 내가 바꿀 수 있고 할 수 있는 게 무엇인지 찾아보는 게 좋아.

그래서 준비했어. 우울을 아예 없애지는 못해도, 관리가 가능할 정도로 감정을 조절하는 방법 몇 가지를 소개해 줄게. 한번 따라해 봐.

우울하면 뭐 어때!

────

가장 먼저 해야 할 일은 자신이 많이 우울한 상태라는 것을 스스로 깨닫고, 그 다음엔 인정하는 거야. 자신이 우울하다는 걸 알면서도 애써 부인하는 사람들이 있는데, 그 이유를 물어 보면 우울하다고 인정하면 '우울한 사람'이 되어 버린다고 생각하기 때문이래. 아직도 우리 주변에 '우울'은 '나약'하고 '비정상'이라는 부정적인 인식이 남아 있어서 그래.

하지만 우울한데도 그것을 인정하지 않고 계속 괜찮은 척하면, 결국엔 진짜 우울증에 걸릴 수 있어. 마음이 병드는 거지. 우울로 힘들다면 감정을 있는 그대로 바라보는 것부터 시작해 보자. 특히 가볍게 왔다갔다 하는 우울감을 넘어 지속적으로 힘든 우울증으로 증상이 심해졌다면 더더욱 이런 접근이 중요해.

우울하다는 것을 인정했다면, 그다음은 '그럼에도 불구하고 지금 여기에서 내가 할 수 있는 작은 것'에 초점을 맞춰 보는 거야. 우울은 삶에 대한 통제력과 깊은 연관이 있어. 쉽게 말하면, 기대치를 조금 낮추자는 거지. 거창한 무언가를 하기보다는 지금 당장 여기에서 내가 할 수 있는 '아주 작고 사소한 것'을 매일 반복하는 거야. 예를 들면 새벽에 한 시간 일찍 일어나려면 힘드니까, 아침마다 매일 5분, 그것도 어렵다면 1분 일찍 일어나기로 지킬 수 있을 만한 목표를 설정하는 거야. 하루에 수학 문제집 한 챕터 풀기는 어려우니까 하루에 세 문제 풀기와 같은 식으로 말이야.

내 안의 생각을 점검해 보는 것도 중요해. 우울이 높은 사람은 그렇지 않은 사람에 비해 자신과 세상(주변)과 미래에 대해 비관적으로 생각하는 경향이 강해. 그래서 별것 아닌 일도 더 나쁘게 해석하곤 하지. 부정적으로 생각이 잘 흐르는 게 뇌의 기본 세팅이긴 하지만, 이것이 습관이 되지 않도록 다르게 생각하는 연습을 지속해야 해. '생각 노트'를 써 보면 도움이 될 거야.

마지막으로, '하면 안 돼' 대신 '하고 싶다'에 초점을 두고 감정을 표현해 봐. '부정적인 감정을 표현하면 안 돼'라는 자신의 기준에서 벗어나 '하고 싶은 말'을 해 보는 거야.

정신분석학에 따르면, 모든 사람에게는 공격성이 있어. 이 공격성은 본래 내가 타인에게 위협받거나 정당하지 못한 상황에 처했다고 느낄 때 나를 보호하기 위해 생긴 것이라고 해. 그러니까 부정적인 감정을 표현(공격성)하는 건 나쁜 게 아니라는 거지. 오히려 부정적 감정을 계속 억누르다 보면 그것이 결국 안으로 스며들어 나를 괴롭히는 경우가 많아.

우울은 자연스러운 감정이야. 사람은 완벽하지 못한 존재이고, 이 세상은 사람의 힘으로 모든 걸 통제하기 어려운 곳이야. 그러니 아무리 성격이 밝은 사람도 매일, 매분, 매초 항상 즐거운 기분으로만 살 수는 없어. 그런 사람이 있다면 오히려 그게 더 비정상적이고 이상한 일일 거야. 그러니 청소

년 시기의 우울을 너무 걱정하거나 자책하기보다는 조절하
며 지내 보자.

긴장하면 배가 아프거나 머리가 지끈거려 본 적 있니? 준호는 복통으로 힘든 날이 많았어. 하지만 병원을 가 봐도 아무 이상이 없다는 거야. 분명 배가 아픈 게 맞고 정말 힘들거든. 그런데 부모님은 그런 준호의 말을 믿어 주지 않고 꾀병이 아니냐고 하시니 정말 억울했어. 병명이 없으니 갑자기 배가 아파질 때면 친구들이나 선생님께 뭐라고 설명할 수 없어서 무작정 참을 수밖에 없었지. 그럴수록 배는 더 아파지는 느낌이 들었고.

나도 어릴 때 준호와 비슷한 경험이 있어. 새 학기마다 긴장하면 나도 모르게 내고 싶지 않은 소리나 행동이 반복적으로 나오는 '틱' 증상이 나타났지. 수학 시험 시간에는 긴장을 너무 많이 해서 손이 마비된 것 같이 굳어 버려 답안지 마킹용 펜 뚜껑을 못 열어서 한참 애쓴 적도 있었어. 증명사진을 찍으러 사진관에 가면 매번 "학생, 어깨가 너무 올라가 있으니 몸의 긴장을 풀고 어깨를 내려요!"라는 말을 사진사 아저씨에게 듣곤 했고.

준호나 나의 증상은 모두 '불안'이라는 감정으로부터 나오는 거야. 불안이 계속되면 몸이 긴장해. 불안이라는 감정은 거부하거나 마냥 덮어 버리려고 하면 사라지는 게 아니라, 몸이 과도하게 각성되거나 굳는 반응으로 나타나. 몸이 감정의 대변인이 되어 말하는 셈이지. 이것을 정신의학에서는 '**신체화**'라고 불러. 정신적인 어려움이 신체 증상으로 나타나는 것을 말해.

원래 불안은 해롭거나 나쁜 감정이 아니라, 자신과 타인을 위험으로부터 보호하고 앞날을 대비하고 변화를 준비하게 해 주는 좋은 기능이 있어. 위험한 대상을 만나면 불안을 느끼고 몸이 반응해야 위험을 피할 수 있으니까. 자연재해나 맹수의 공격을 미리 피하기 위해서도 불안이란 감정이 꼭 필요했어. 즉, 불안은 인간의 생존을 위해 생겨난 거야.

하지만 현대를 살아가는 우리에게 불안을 유발하는 요소

들은 예전과 달리 생존을 위협하는 정도의 것들이 아니야. 다가오는 시험, 타인의 시선과 같은 것들이 당장 생명을 위협하지는 않잖아. 그런데도 불안이 일정 수준을 넘어 과도해지면 일상생활이 힘들어진다는 게 문제야.

원래는 인간의 삶에 꼭 필요할뿐더러 긍정적인 기능을 갖고 있는 불안이, 왜 우리를 힘들게 하는 감정이 되어 버린 걸까? 그것은 불안을 반드시 통제해야 하는 나쁜 감정으로 바라보기 때문이야.

불안은 없애야 하는 나쁜 감정도 아니고, 통제하고 싶다고 손쉽게 통제되는 감정도 아니야. 불안은 사람이라면 누구나 가지고 있고, 또 가져야만 하는 정상적인 감정이지. 그러니까 불안에 익숙해지고, 적당한 수준으로 잘 조절해서 함께 살아가야 해.

그렇다면 피할 수 없는 이 불안과의 동거를 어떻게 잘 해낼 수 있을까?

불안해하는 나를 불안해하지 않기

먼저, 불안을 느낄 때 불안해하는 자신을 불안해하지 마.

그 감정(불안)과 신체 반응을 알아차린 후에, 이것이 정상적인 감정이며, 도움이 되는 감정과 반응이라고 받아들이는 거야. 예를 들어 시험을 앞두고 심장이 빨리 뛰고 호흡이 가빠지면서 손이 떨린다면 '이러다 시험 망하겠네'가 아니라 '괜찮아, 시험을 잘 보기 위해 지금 내 몸이 에너지를 끌어모으고 있어'라고 생각을 바꿔 보는 거지.

불안으로 긴장된 몸을 풀어 주기 위해 심리 치료에서는 **'호흡과 이완 훈련'**을 권해. 별것 아닌 것 같아도 의외로 많은 사람에게 효과가 검증된 방법이야.

먼저 심호흡(복식호흡)은 숨을 5초간 깊이 들이마시고 잠깐 멈춘 후 다시 5초간 숨을 천천히 내쉬는 것을 여러 번 반복하면 돼. 배에 손을 올리고 배가 들어갔다 나왔다 하는 느낌으로. 이렇게 짧게는 1분 정도, 여유가 더 있다면 5분 정도만 해도 자율신경계와 호르몬계가 변해 긴장된 몸을 완화해 주는 효과를 낼 수 있어.

이완 훈련은 몸의 근육에 힘을 최대한 꽉 주었다가 다시 풀어 주기를 반복하는 걸 말해. 시간 여유가 있다면 머리끝부터 손끝 발끝까지 온몸을 돌아가며 다 해 주면 좋지만, 부담되고 어렵다면 목이나 어깨같이 평소에 잘 긴장하는 특정 부위만이라도 풀어 주면 좋아. 많은 경우 긴장된 신체 반응

깊-은 호흡

근육
수축과 이완

이 먼저 일어난 후에 불안한 감정이 증폭되어 따라오게 되
는데, 이렇게 신체의 긴장을 줄여 주면 불안도 자연스레 줄
어들 수 있어.

두 번째로, 불안이라는 감정 아래에 깔려 있는 '생각'이 무
엇인지 찾아봐. 불안은 여러 감정 중에서 특히 우리의 '생각'
과 긴밀하게 연결되어 있는 감정이야. 주로 미래(앞으로 다가

올 일)에 대한 걱정과 연관이 있지.

대부분의 사람은 '최악'의 상황을 앞당겨 상상하다가 필요 이상의 불안을 느낄 때가 많아. 이런 사고방식을 심리학에서는 **'재앙화 사고'**라고 해. 파국적 결말을 부정적으로 과장해서 예상하는 것을 말하지. 예를 들어 이런 거야. 시험 전날엔 잠이 오지 않아. 일찍 자지 않으면 수면 부족으로 시험을 망치고, 시험을 망치면 내신 등급이 떨어지고, 등급이 떨어지면 원하는 대학에 못 가고, 대학에 못 가면 '이번 생 망했네!'같이 내 생각이 '재앙'을 향해 달려 나가는 거지.

자, 그럴 때는 이렇게 외치면 돼. "멈춰!(Stop!)" 생각의 악순환 고리를 의식적으로 끊어 버리는 거야. 물론 생각처럼 쉽게 잘 안 될 수 있어. 때로는 '지금부터 코끼리를 생각하지 말아야지'라고 애쓰는 게 오히려 더 코끼리를 지독하게 더 많이 생각나게 하거든.

그럴 땐 내 몸의 '현재 감각'에 집중해 보는 게 좋아. 그리고 심호흡과 근육의 긴장-이완을 반복해 봐. 인간의 뇌는 생각과 감각에 동시에 집중하기 어려운 구조라서 호흡과 몸의 감각에 집중하다 보면 불안한 생각을 잠시 끊을 수 있어.

마지막으로, 지금까지 해 온 대처 방식과는 반대되는 대처 방식을 시도해 보렴. 불안할 때마다 자신이 하게 되는 행동

패턴이 있을 거야. 사람들 속에 있다가도 불안하면 갑자기 혼자 어디로 사라져 버린다거나, 반대로 불안을 숨기기 위해 지나치게 밝은 척하며 말을 많이 한다거나, 오히려 아무 말도 하지 않는 등의 대처 방식 말이야. 그동안 해 왔던 익숙한 대처 방식이 사실은 나를 더 불안하게 만들 수 있어. 그러니까 이전에 사용했던 방법과는 다른 대처를 해 보는 거지. 여러 번의 시도를 통해 '엇? 다르게 해도 생각보다 괜찮네?'라는 것을 느끼게 되면 그것이 **'반증 경험(기존의 경험에 반대되는 경험)'**이 되어 조금 덜 불안하게 될 수 있거든.

이렇게 과도한 불안 때문에 불편했던 부분을 조금씩 줄여 가다 보면, 감당할 수 있을 만큼의 불안은 사람에게 필요한 감정이고 언제나 함께하는 감정이라는 걸 알게 될 거야.

왜 화내면서
죄책감을 느낄까

　"쨍그랑!" 소리에 뒤를 돌아보니 교실 뒷문의 유리창이 와 장창 깨져 있었어. 그 옆에 피가 흐르는 주먹을 꽉 쥐고 있는 하준이의 얼굴이 보였어. 왁자지껄하던 교실은 쥐 죽은 듯이 조용해졌고, 주변에 있던 아이들은 숨소리조차 죽이고 그 상황을 지켜보았지.

　평소에 하준이는 조용하고 반에서 존재감이 없을 정도로 얌전한 아이였기 때문에 친구들도, 선생님도 이 상황이 의아 했어. 그동안 하준이에게 시비를 거는 친구들이 있기는 했지 만 별로 반응을 보이지 않았었거든. 그렇다 보니 반 친구들 도 다들 하준이의 마음 상태가 괜찮은 줄 알았어.

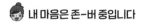

하지만 하준이 입장에서는 그동안 참고 억눌렀던 분노가 마침내 터져 버렸고, 그 분노를 유리창에 쏟아 버린 거지. 유리창이었기에 망정이지 사람에게 그 화를 터트렸다면 무슨 일이 일어났을지 몰라.

'화'는 여러 감정들 중에서도 특히나 은연중에 가장 금기시되는 감정인 것 같아. 대부분의 사람에게 '화는 나쁘고 해롭다'는 이미지가 강하지. 그래서 '화는 무조건 참아야만 해', '함부로 화내면 절대 안 돼'라고 생각하는 사람이 꽤 많아. 우리나라는 특히 개인보다 집단의 조화를 우선시하고, 관계를 중요하게 여기다 보니 화를 내면 성격이 못됐거나, 불같거나, 남들과 잘 어울리지 못하는 사람이라는 평판을 얻기 쉬워.

하지만 그거 아니? 가정폭력 가해자 중에 집 밖에서는 '아주 착하고 순한 사람'으로 평가받는 경우가 의외로 많다는 사실 말이야. 왜 이들은 밖에서는 순한 양같이 행동하면서 가정에서는 난폭한 맹수처럼 변하는 걸까?

그 이유는 '화'란 무작정 억누르고 덮는다고 사라지는 감정이 아니기 때문이야. 오히려 그럴수록 속으로 곪아 있다가 가장 가깝고 만만한 사람에게 부적절한 방식으로 터트리게 되지. 밖에서는 별문제가 없어 보이는 학생이 유독 집에서는 부모에게 폭언과 폭행을 하는 것도 마찬가지야.

또 다른 경우엔, 화를 참고 참다가 자기 자신에게로 터트리기도 해. 자기혐오와 같은 식으로 스스로를 파괴하지. 우울증을 경험하는 청소년이 늘어나는 것도 이러한 이유와 관련 있다고 보고 있어.

사실, 화는 무조건 나쁜 게 아니라 오히려 삶을 살아가는 데에 꼭 필요한 감정이야. 단지 문제가 되는 것은 화를 억압하다 폭발해 홧김에 어떤 말이나 행동을 하게 되는 것이지. 그러면 그 순간엔 잠깐 속이 시원할 수 있지만 결국엔 후회할 일이 생기게 돼. 물질적인 피해를 입기도 하고, 관계가 어긋나기도 하지.

화는 불이나 칼 같은 도구와 비슷해. 잘 다루면 매우 유용하지만 잘못 사용하면 자신에게도, 타인에게도 큰 위험이 될수 있지. 화는 나와 타인을 지키기 위해서도, 또 (의아할 수 있겠지만) 타인과의 관계를 위해서도 꼭 필요해. 만약 나에게 소중한 사람이 함부로 대해지거나 불이익에 처했는데도 목소리를 내지 못한다면 보호받을 수가 없을 거야. 또한 상대방이 나에게 불합리한 말과 행동을 했을 때 적절하게 화내거나 반응해야 상대방도 내 마음을 알고 멈출 테니 말이야. 나아가 정당하게 누려야 할 권리를 주장하기 위해서도, 사회의 잘못된 부분을 변화시키기 위해서도 화(분노)는 필요해.

그렇다면 화를 안에 쌓아 두었다가 나 자신을 해치거나 타인에게 파괴적으로 터트리지 않기 위해선 어떻게 해야 할까? 맞아, 화를 '적절히 조절'해서 표현하는 것이 중요해. 연습이 필요하겠지? 평상시에 의식적으로 자기 감정을 짧게라도 표현하는 연습을 해 봐.

"좋아", "싫어", "기분 나빠", "짜증 나", "불쾌해", "화나", "하지 마."

이것이 익숙해지면 다음 단계로 넘어가서 조금 더 긴 문장으로 표현하는 연습을 해 봐.

"네가 나한테 ~하게 말(행동)했을 때 화가 났고, ~한 이유로 화가 났어."

어떠한 상황에서 자신이 어떤 감정을 느꼈고, 그 이유가 무엇인지를 구체적으로 말하는 거야. 친하게 지내는 친구나 가족에게 먼저 시작해 보고, 점점 더 표현할 수 있는 사람들의 영역을 넓혀 봐.

말로 하는 것으론 분노가 해결되지 않고, 더는 참아지지 않아서 다 때려 부수고 싶을 정도로 폭발할 것 같을 땐 일단 멈춰. 어떤 말이나 행동이 충동적으로 터져 나오려 하면 잠깐 참고, 앞에서 설명했던 대로 심호흡을 3분 정도 해 봐. 1에서 5까지 천천히 세며 숨을 깊이 들이마시고 다시 5초간 숨을 내뱉는 거야. 그리고 '감사'를 느낄 만한 대상이나 일을 억지로라도 떠올려 보면 더욱 좋아. 정신생리학자인 롤린 맥크레이티 박사의 연구에 따르면, 천천히 고르게 심호흡하고 고마움의 감정을 느끼는 것만으로도 불규칙하게 뛰었던 심장이 빠르게 안정되는 효과가 있다고 해.

나 자신을 이해하기 위해서도, 타인과의 관계가 발전하기 위해서도 '갈등'은 필연적으로 거쳐야 하는 과정이야. 그러니 감정을 표현하는 연습도 마치 영화회화 연습하듯이 열심히 입 밖으로 표현해 봐야 돼. 좋은 대학에 가기 위한 입시 공부보다도 어쩌면 더 필요한 공부니까.

> ## 시기심이
> ## 부끄럽고 괴로울 때

    십 대 때 내가 겪은 여러 감정 중 제일 소화하기 힘들었던 감정이 바로 '시기심'이야. 한 살 차이 나는 여동생에게 그런 감정을 느꼈었는데, 그때마다 내가 너무 찌질한 것 같아서 짜증 나고 수치스러워서 더 힘들었던 것 같아. 숨기고 싶은 감정처럼 느껴졌다고 할까?

    시기심은 내가 가지고 싶은 것을 타인이 가졌을 때, 나는 그것을 가지지 못한다고 느낄 때 생기는 감정이야. 부럽기도 하고, 나에겐 그것이 없어서 초라하다고 느낄 때 더욱 심해지지. 그래서 시기심이 들면 나에 대한 수치심과 상대방에 대한 얄미운 감정을 동시에 느끼게 돼.

시기심은 주변의 가까운 사람에게 느끼는 경우가 많아. 사회적 조건이 유사할수록 더 쉽게 생기는 감정이라서, 특히 학창 시절에 이 감정을 많이 경험하지. 같은 나이, 같은 학생이라는 위치에서 대학이라는 엇비슷한 목표를 향해 달려가다 보니 주변 친구들을 경쟁자로 인식하기가 쉽거든.

다른 사람을 부러워하는 마음은 자연스런 심리야. "사촌이 땅을 사면 배가 아프다", "시기심은 살아 있는 자에게서 자라다 죽을 때 멈춘다" 같은 속담이나 격언만 봐도 시기심은 역사가 깊다는 걸 알 수 있지.

하지만 부러움을 넘어 상대를 흠집 내고 싶거나 그가 잘못됐으면 좋겠다는 마음까지 든다면, 그때부터는 위험해질 수 있어. 시기심 때문에 상대에 대한 헛소문을 퍼뜨리거나 상대를 따돌리거나 괴롭히는 일이 실제로 학교나 사회에서도 일어나. 이처럼 시기심이 지나쳐 자기 자신을 괴롭히는 수준까지 이른다면 그 마음을 곰곰이 들여다볼 필요가 있어.

시기심을 잘 조절해서 나에게 유익한 방향으로 바꾸려면 먼저 그 마음을 인정해야 해. 숨기지 말고 시기심을 느끼는 상대에게, 또는 믿을 만한 친한 사람에게 부럽다고 솔직하게 마음을 표현해 보는 거야.

"야, 축하해! 정말 부럽다."

"진심으로 부러워. 나도 그런 거 한번 해 봤으면 좋겠어."

이렇게 마음을 표현하는 건 절대 지는 것도 아니고, 자존심이 상하는 일도 아니야. 시기심을 은밀하게 숨기고 꿍한 것보다 대놓고 표현하는 사람이 더 매력 있어 보여. 그동안 마음을 숨기느라 힘들었던 게 해소되는 효과도 있고. 어쩌면 부러움을 받는 당사자가 나의 호감을 좋게 여겨서 서로 친해지는 계기가 될 수도 있어.

시기심을 오히려 성장의 원동력으로 삼아 봐. 보통은 내가 간절히 갖고 싶은 무언가를 가졌거나 내가 잘하고 싶은 무언가를 이미 잘하고 있는 사람에게 시기심을 느끼게 되니까, 자신이 그 사람을 왜 부러워하는지 탐색하다 보면 나의 강렬한 욕구가 무엇인지, 그리고 나의 열정이 어느 방향을 향해 있는지 알 수 있어. 예를 들어, 영어를 잘하는 친구를 보며 부러움을 느낀다면, 나도 그것을 계기로 영어 공부에 매진하는 동력으로 삼을 수 있겠지.

그런데 때론 부러움을 느끼는 무언가가 노력으로는 얻을 수 없는 종류의 것일 때도 있어. 그럴 경우엔 그 사람이 가진 능력 자체보다도 그것으로부터 얻은 인기를 부러워하고 있는 것일 가능성이 높아.

예를 들면 타고난 조각 미남이나 여신 미모, 소름 끼치는 가창력 같은 것들은 따라잡기엔 한계가 있어. 타고난 재능이 다르니까. 그럴 땐 그와 나는 독립된 존재이고, 다른 사람의 잘남이나 성공이 결코 나의 가치를 감소시키는 건 아니라는 걸 기억했으면 해. 그리고 나만의 장점을 찾고, 그것을 소중하게 가꾸는 쪽으로 시선을 돌려야겠지.

내가 해 본 것 중에 추천하고 싶은 정말 좋은 방법이 하나 있는데, 나는 시기심이 드는 상대와 더 가까워지고 친해지려고 했어. 겉으로 보이는 것처럼 완벽하고 잘나 보이는 사람도 가까이하다 보면 그에게도 고민이 있다는 걸 알게 되거든. 또한 타고난 것이 아니라 그 역시 남 몰래 노력한 시간이 있다는 걸 알게 되지. 그러면 시기심이 존경스런 마음으로 바뀌기도 해. 반짝거리는 모습 뒤에 고군분투하는 한 인간으로서의 노력을 보면, 그 사람이 특별한 존재라는 생각보다 나와 비슷한 한 '사람'으로 보이게 되어 응원하는 마음이 생기기도 하고.

나도 가끔은 글을 잘 쓰는 인기 작가들을 보면 질투가 나. 모든 사람이 정도의 차이만 있을 뿐, 부러움과 시기심은 평생 안고 가는 감정인 것 같아. 누군가를 부러워하는 건 절대로 나쁜 게 아니니까, 죄책감 갖지 말고 나의 소중한 감정 중의 하나로 자연스럽게 받아들였으면 좋겠어.

CHAPTER 03

친구

불편한 관계 속에서
성장하며 버티기

밝고 털털하게
보이고 싶은 마음

사람은 누구나 '진짜 내 모습'과 '보이고 싶은 모습'이 있어. 친구들과 선생님 앞에서는 명랑하면서 혼자 있을 땐 울적해하는 자기 모습에 괴리감을 느끼기도 하고, 가식적이라는 생각이 들기도 하지. 그러다 보면 '진짜 나는 어떤 사람인지 모르겠다'는 정체성의 혼란마저 생기기도 해.

정신분석학자인 도널드 위니컷은 **'참 자기(True Self)'**와 **'거짓 자기(False Self)'**라는 개념을 이야기했어. '참 자기'란 본래 자신의 자연스럽고 편안한 모습을 가리킨다면, '거짓 자기'는 타인의 기대에 맞춰진 다소 포장된 모습, 타인에게 보이기 바라는 모습을 가리켜. 거짓 자아는 타인에게 받아

들여지기 위한 방어책이자, 가면이라고 볼 수 있어서 '그림자 자아'라고 부르기도 해.

항상 모든 사람에게 친절하고 착하게만 대하려는 것, 언제 어디서나 환한 미소를 유지하려고 지나치게 애쓰는 것, 필요 이상으로 농담을 많이 하거나 재밌는 사람인 척하는 것, 말이 지나치게 많거나 적은 것, 센 척하는 것, 상처받지 않는 척하는 것, 쿨한 척하는 것, 굉장히 이성적인 모습으로만 사람들을 대하는 것, 똑똑하고 유능한 척하는 것 등등, 이 모두가 대표적인 방어책이자 가면이라고 할 수 있어.

왜 사람들은 가면을 쓰고 사는 걸까?

———

아주 어릴 적엔 사람들 앞에서 자신이 어떻게 보일지 의식하지 않아. 그저 자신이 좋은 대로, 하고 싶은 대로 행동하지. 그런데 자라면서 점점 자신의 솔직한 표현과 행동이 긍정적으로만 받아들여지지 않는다는 걸 경험하게 돼. 그러면서 점점 내 본래의 모습을 억압하고, 남이 좋아하는 모습으로 자신을 바꿔 가게 되지.

즉 다른 사람들과 잘 어울리고 살아남기 위해 어린 시절부터 무의식적으로 거짓 자기가 발달하는 거라고 할 수 있어. 하지만 '생존'을 도왔던 이 가면이 어느 순간부터 불편해지지. 나를 괴롭게 만들기도 하고. 타인에게 좋은 사람이 되려고 애쓰는 동안 내 감정과 욕구를 외면하다 보니 힘들어지는 거야.

물론 참 자기와 거짓 자기가 100% 일치하는 사람은 없어. 그리고 사회에서 자신을 보호하며 살아가기 위해서는 어느 정도의 거짓 자기가 필요하기도 해. 하지만 거짓 자기가 점점 커져서 참 자기와의 간극이 너무 벌어지면, 그 간격이 커질수록 당사자는 자기답지 않은 모습에 정신적으로 힘들어져. 심리학 이론인 **'조하리의 창'**에서도 다른 사람들은 모르지만

조하리의 창

	자신·안다	자신·모른다
타인·안다	**Open** 열린 창	**Blind** 장님의 창
타인·모른다	**Hidden** 숨겨진 창	**Unknown** 미지의 창

자신은 알고 있는 '비밀스러운 영역(숨겨진 창)'이 커질수록 사람들과의 관계에서 거리감이 커지고 불편을 느끼게 된다고 설명해.

그렇다면 참 자기와 거짓 자기 사이의 간극은 어떻게 좁힐 수 있을까? 가장 좋은 첫 출발은 좋은 사람으로 보이기 위해 썼던 가면을 벗고 원래 나의 모습대로 솔직하게 행동하고 말해 보는 거야. 어린아이처럼 내 안에 올라오는 감정과 욕구를 억압하지 않고 표현하는 거지. 처음엔 안전하다고 느낄 수 있는 관계 속에서 연습해 보는 게 좋아. 요즘은 학교에도 상담실이 있고 무료 상담소도 많아. 그런 곳에 찾아가서 상담사를 만나도 좋고, 친한 친구나 가족 앞에서 표현하는 연습을 해 봐도 좋아. 친밀한 사람들 앞에서 직접 시도해 봐야 피드백을 받을 기회가 생겨. 그러니까 두려워하지 말고 행동으로 옮겨 보는 거야. 자신의 진짜 모습이 수용받을 만한 보편적인 것인지, 아닌지를 시험해 보는 거지.

예를 들어, 내 기분과 생각을 강하게 드러내면 친구들이 다 싫어할 줄 알았는데, 나를 똑부러진 아이라고 평가해서 신뢰할 수도 있어. 하고 싶은 말을 다 하면 가볍게 볼 줄 알았는데, 밝고 자신감 있어 보여 좋다는 이야기를 들을 수도 있고. 활발한 척하지 않고 조용히 있으면 애들이 날 '찐따'라고 생각할 줄 알았는데, 의외로 차분하고 진중한 아이로 좋게 볼 수도 있고 말이야.

가까운 친구들에게 "오늘 내가 어때 보이냐?"고 약간은 장난스럽게 물어 봐도 좋아. 이런 과정을 통해 나의 어떤 모습이 이상해 보일 거라는 막연한 두려움을 줄일 수 있어.

만약 친구들로부터 부정적인 피드백을 듣더라도 걱정하지 마. 그 기회로 알게 되는 것도 있을 테니 말이야. 가깝고 안전하다고 느끼는 관계 속에서 참 자기를 내보이는 연습을 반복하면서 점점 덜 친밀한 사람들에게도 시도해 보는 거지.

이제 막 걸음마를 떼게 된 아기를 한 번 떠올려 봐. 아슬 아슬하게 오른쪽으로, 왼쪽으로 몸을 흔들거리면서 균형을 잡아 가잖아. 첫 걸음마가 어려울 뿐 익숙해지면 잘 걷고. 어른이 되어서도 아이처럼 뒤뚱뒤뚱 걷는 사람이 없는 것처럼 말이야. '편안한 내 모습'과 '사회적인 내 모습' 사이의 균형을 찾아가는 과정도 마찬가지야. 처음부터 균형을 잘 잡는 사람은 없어. 시행착오를 통해 자신만의 균형을 찾아가는 거지. 집에서처럼 익숙하고 편안할 때 나오는 내 모습 그대로도 시도해 보고, 사람들이 좋아할 것 같은 내 모습도 시도해 보면서 '진짜 나'를 찾아가는 연습을 해 봐.

"타인의 시선을
너무 의식해서 힘들어"

사람들 속에 있을 때 굳어 가는 느낌을 경험해 본 적 있니? 사람들이 나만 보는 것 같아서 두렵고, 마치 안개가 뿌옇게 밀려오는 느낌이 들면서 도망치고 싶을 땐 없었어? 조금만 어설프게 말하거나 행동해도 사람들이 바보라고 생각할 것 같아 숨고 싶었던 적은? 안 그래야지 마음먹어도 긴장돼서 얼굴 근육이 파르르 떨린 적은?

정도의 차이가 있을 뿐, 누구나 낯선 자리나 낯선 사람 앞에서는 긴장하게 돼. 하지만 어떤 사람은 긴장하는 정도가 너무 심해서 일상생활이 버거울 정도가 되기도 하지.

이러한 긴장감 때문에 고민이고, 학교생활이나 학원생활

이 너무 힘든 친구들이 분명 있을 거야. 발표하는 것만 생각해도 식은땀이 흐르거나 머릿속이 하얘지기도 하고. 이럴 때 가장 중요한 건, 다른 사람 앞에서 절대 긴장하지 않겠다는 강박을 버리는 거야. 일상생활이 불편하지 않을 정도로만 긴장도를 낮추는 걸 목표로 삼는 거지. 긴장하지 않겠다는 생각 자체가 더 긴장하게 만들거든.

남들 앞에서 '최소한의 긴장'을 하는 건 반드시 필요해. 만약 타인을 전혀 의식하지 않는다면 말 그대로 '개념 없는 사람'이 되고 말 거야. 하지만 타인을 의식하는 정도가 지나치면 스스로가 괴롭다는 게 문제지. 매순간 긴장하면 얼마나 지치고 힘들겠어.

우리가 타인의 시선을 의식하게 되는 가장 큰 이유는 혹시라도 실수해서 미움을 받을까 봐 두렵기 때문이야. 《미움받을 용기》라는 제목의 책이 베스트셀러가 된 것만 봐도 사람들이 얼마나 미움받는 걸 싫어하는지 알 수 있어. 타인의 평가와 시선에 대한 두려움이 클수록 그 사람이 받는 정신적 고통은 비례해서 커져.

요즘은 연예인들이 자신이 우울증이나 공황장애를 앓았다는 사실을 공개적으로 밝히는 분위기야. 엄청난 가창력과 무대를 휘어잡는 퍼포먼스로 큰 사랑을 받는 가수 에일리도 예능 프로그램에 출연해 무대 공포증이 무척 심하다는 고민을 털어놓은 적이 있어. 그녀는 겉으로는 카리스마를 지닌 가수인데도, 무대에 오르기 전에 두통과 복통이 와서 심하게 아파 응급실에 실려 간 경험이 있대. 연예인들 중에 유독 이런 사례가 많은 이유는 대중의 잣대와 평가에 극도로 노출되는 직업적 특성과 관련 있을 거야. 수많은 눈들이 다 자신만 보고 있는 것 같은 느낌을 받으니까 두려운 거지.

이런 연예인들 못지않게 타인의 시선에 예민한 이들이 있어. 바로 십 대들이야. 그 나이 때는 사람들이 모두 나만 주시해서 쳐다보고 있는 것 같은 심리를 가지기가 쉬워. 이것을 **'상상 속 관중'**이라고 불러. 마치 다른 사람들은 관중이고, 자신은 주인공이 되어 무대 위에 서 있는 것 같은 느낌을 받지. 나도 중학생 때 사람들 속에 있을 때면 '나만 쳐다보고 있는 것 같은' 느낌이 들어 긴장하곤 했었어. '얼굴에 철판 깔고 자유롭게 지내고 싶다'는 생각을 정말 많이 했는데, 그게 잘 안 될 때면 남들 앞에서 작아지는 내가 싫어지기도 했었어.

타인의 시선을 유독 많이 의식하는 사람들은 **'타인 민감성'**이라는 기질이 높은 사람일 가능성이 커. 타인 민감성이란 다른 사람의 감정과 욕구를 잘 의식하고 알아차리는 경향을 가리켜.

이 기질은 원래 인간관계에서 타인을 잘 배려하며 소통할 수 있게 해 주는 긍정적인 기능을 가지고 있지. 하지만 어릴 적부터 평가를 받거나 엄격한 분위기에서 성장하면, 그리고 타인으로부터 오해와 불신을 받는 사건을 여러 번 겪게 되면 타인 민감성이 지나치게 높아지게 돼. 그렇게 될 경우, 괴로울 정도로 타인의 눈치를 보게 되고 결국 위축되고 울적하고 긴장하고 불안해하는 사람이 되고 말지.

세상에 수많은 사람들이 있는데, 어떻게 그들마다 다른 잣대에 나를 다 맞추겠어. 그건 지극히 비현실적인 기대야. 내가 아무리 조심하며 행동해도 나를 좋아할 사람은 좋아하고, 나를 싫어할 사람은 싫어하기 마련이잖아. 혹시 나를 누군가가 싫어한다 해도 너무 크게 의미부여하지 마. 그 마음은 나의 마음이 아닌 그 사람의 마음이고, 그걸 내가 어떻게 할 수는 없는 거야.

그리고 엄밀히 말하면 '정상'과 '비정상'이라는 것도 사람들이 주관적으로 만들어 낸 잣대야. 그러니 '혹시 좀 이상해 보인다 해도 그게 뭔 상관?'이라는 마음을 가지면 좋겠어. 내가 남을 오해할 수 있듯이 남도 나를 잘 몰라서 오해할 수 있는 거니까.

그리고 사람들은 의외로 남의 삶에 관심이 없다는 걸 알면 좋겠어. 사람들은 나에게 큰 관심이 없는데 나 혼자 다른 사람을 지나치게 의식한다면, 그건 냉정히 얘기해서 굉장히 자기중심적이자 **'자의식 과잉'**인 거야.

내가 중학생일 때 거울 앞에 바짝 붙어 서서 얼굴에 난 작은 뾰루지 하나를 한참 동안 들여다보고 있었거든. 그런 내 모습을 보고 우리 엄마는 이렇게 말씀하셨어. "네 얼굴이니 네 눈에나 잘 보이지, 남들 눈엔 그런 건 보이지도 않아! 아무도 신경 안 써"라고 말이야. 그때는 그렇게 이야기하는 엄마 말이 듣기 싫고 너무한다 싶었는데, 지나고 보니 아주 틀린 말이 아니더라고.

> ## 또다시 혼자가 될까 봐
> ## 두려워

그거 아니? 사람은 혼자 있을 때보다 같이 있음에도 혼자라고 느낄 때 더 깊은 외로움과 소외감을 느껴. 예를 들어 시끌벅적한 교실이나 급식실에서 혼자라고 느낄 때가 그렇지. 혹시라도 다른 애들이 혼자 있는 나를 쳐다볼까 봐 신경쓰이고, 처량한 기분이 들기도 해. 같은 공간에 마음을 나눌 누군가가 한 명만 있어도 마음이 편해질 텐데, 그렇지 않으니 삭막하게 느껴지지.

"홀수가 두려워요."

오랫동안 상담했던 중학생인 해나가 내게 처음 했던 말이야. 해나는 친구들 사이에서 따돌림을 당한 상처가 있는 아

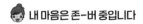

이였어. 학년이 바뀌면서 그럭저럭 친한 친구도 두 명 생겼지만, 셋이서 홀수로 다니는 게 무척 불안하다고 했지. 언젠가 그 둘만 더 친해지고 자신은 혼자가 될 것 같은 두려움 때문에 밤에는 악몽을 자주 꿨고.

친구들 사이에서 소외당해 본 경험은 누구에게나 큰 상처로 남을 수밖에 없어. 거기에다 괴롭힘의 경험까지 있었다면 두말할 나위도 없고 말이야.

나에게도 따돌림에 대한 경험이 세 번 정도 있어. 한 번은 초등학교 때인데, 반에서 같은 조로 배정을 받아 같이 둘러 앉은 친구들과 '돌아가면서 따돌리기'라는 놀이를 한 적이 있어. 그때 왜 그런 놀이를 했었는지 모르겠지만, 매일 돌아가면서 그날 술래 차례인 사람을 따돌리는 놀이였어. 직접적으로 괴롭히는 것은 아니지만 하루 종일 투명 인간처럼 그 사람과 말하지 않는 게 게임의 규칙이었지.

처음에는 재미로 시작한 것이라 아무렇지도 않았어. 그런데 막상 내가 술래가 되자, 이게 단지 놀이일 뿐이라는 걸 알고 있는데도 정말 기분이 안 좋은 거야. 하루를 보내고 집에 가는 길에 왈칵 눈물이 쏟아질 것만 같았지. 결국 그 놀이는 모두가 기분이 나빠져서 같은 조의 아이들이 한 바퀴가 다 돌아가기도 전에 끝났어.

두 번째 경험은 중학교 1학년 때야. 우리 반에 친구들이 은근히 따돌리는 아이 한 명이 있었어. 직접적으로 괴롭힘을 당하지는 않았지만 모두가 그 아이와 말을 섞지 않고 피했지. 그런데 그 아이가 어느 날부턴가 내가 혼자 있을 때마다 내 자리에 찾아와 말을 거는 거야. 나는 그때 반에서 차분하고 공부 잘하는 착한 이미지였거든. 아마도 그 아이는 '저 애라면 내 말을 받아줄 거야'라는 생각을 했던 것 같아.

　하지만 나는 그 아이를 싫어하는 다른 친구들의 눈길이 의식됐어. 그 아이와 어울리면 나도 다른 친구들이 싫어할 것 같은 마음이 들었지. 그래서 내가 어떻게 한 줄 아니? 지금 생각해 보면 너무 비겁한 행동인데, 반 친구들이 주변에 있을 때는 외면하고 주변에 친구들이 보이지 않거나 그 아이를 학교 밖에서 마주칠 때만 대화를 하곤 했어. 정말 부끄러운 짓이었지.

　마지막 세 번째 경험은 고등학생 때였어. 우리 반에 전학 온 아이 한 명이 있었는데, 그애와 짝이 되어 금방 친해졌어. 자연스레 그 아이는 내가 친하게 지내던 무리에 들어오게 되었지. 그런데 우리 무리 중에 그 아이를 유독 좀 안 좋아하는 애가 한 명 있었거든. 이걸 알고 불안해진 그 전학 온 아이는 다른 무리에 들어가 내가 그 무리 중에 있는 한 친구를 욕했다며 모함과 이간질을 했어. 당시에 나는 그 전학 온 아이에게 마음을 주었고 많이 친해졌다고 생각했었기 때문에 충격과 배신감으로 혼란스러웠어. 하지만 곧 이해할 수 있게 됐는데, 그날 야자 시간에 그 아이가 내 책상에 올려놓은 장문의 편지 때문이었어.

편지는 자신이 전학을 오기 전 예전 학교에서 같이 놀던 무리로부터 따돌림과 괴롭힘을 당했다는 내용으로 시작했어. 그 충격으로 결국 도망치듯이 지금의 학교로 옮겨 오게 됐는데, 새롭게 어울린 무리 중에 자신을 별로 안 좋아하는 친구가 있다는 걸 알고서는 또다시 사람들과 어울리지 못할까 봐 너무 두려웠대. 트라우마가 작동한 거지.

그래서 같이 놀 다른 무리를 찾게 된 건데, 그 애들과 친해지는 과정에서 자기도 모르게 나와 친구들 사이를 이간질하게 되었다는 거야. 돌이켜봤을 때는 '아차!' 싶었고, 이미 일이 너무 많이 진행되어 있더래. 그런데 자신이 한 짓을 반 애들이 알게 되면 정말 혼자가 될까 봐 너무 무섭다는 거야. 제발 한 번만 자신을 용서하고 눈감고 넘어가 주면 안 되냐는 부탁의 내용이었어. 그애가 나에게 한 일을 생각하면 화가 났지만, 한편으론 얼마나 절박하면 그랬을까 하는 마음이 들어서 아무 일도 없었던 것처럼 덮고 넘어갔어.

돌아보니 나에게는 학교를 다니면서 가해자, 방관자, 피해자의 경험이 모두 있었네. 내 경험으로는 세 입장 모두 유쾌하지 않았어. 가해자로서는 내가 괴롭힘에 일조했다는 죄책감이, 방관자로서는 내가 비겁했다는 괴로움과 그때로선 다른 방법이 없었다는 답답함이, 피해자로서는 외면과 거절을 당했던 것에 대한 상처가 남더라. 역시 인간관계에서의 가장 큰 고통은 다른 존재로부터 배척이나 모욕을 당하는 거야.

어느 쪽이든 그런 '소외됨'의 경험이 있을 때, 그리고 그 경험이 지금의 삶에까지 영향을 주고 있다면 어떻게 하면 좋을까? 우선은 자신의 마음 안에 '상처받은 어린아이'가 있다는 사실을 알아차려야 해. 그리고 그 아이를 다독여 주어야해. 타인에게 받아들여지지 못한 경험은 아이든 어른이든, 누구에게나 잊히지 않는 큰 아픔이고 상처니까.

나아가 한 가지 더 기억해야 할 것은, 그때의 나보다 지금의 나는 조금 더 성장하고 힘이 생겼다는 사실이야. 몸도 자라고, 생각하고 행동하는 힘도 더 자랐지. 예전의 나는 무기력하게 그 상황에서 울고만 있었다면 지금은 달라질 수 있어. 그땐 너무 어렸기 때문에 방법을 몰랐고, 어쩔 수 없었어. 하지만 지금의 나는 비슷한 상황이 반복된다면 다른 목소리를 내 볼 수 있고, 다른 행동을 시도해 볼 수 있어.

혹시라도 몸은 자랐지만 여전히 마음은 상처받았던 그 시
절에 머물러 있다면 따뜻하게 안아 주고 싶구나.

여기 두 친구가 있어. 다희와 지원. 둘은 어디든 같이 가고 모든 것을 함께하는 단짝 친구야. 다희는 지원이가 학교에서 거의 유일하게 친하게 지내는 친구였어. 마치 아이가 엄마를 찾듯이 다희는 지원이에게만 붙어 다녔지. 지원이가 혹시라도 아파서 조퇴하는 날엔 마치 아이가 엄마를 잃은 것처럼 다희는 마음이 불안하기까지 했어. 또 다희는 지원이가 자신이 별로 좋아하지 않는 친구들과 말을 섞으면 그게 정말 싫었어. 지원이가 자신과만 친하게 지냈으면 좋겠거든. 반대로 지원이는 친구들 사이에서 리더십을 인정받는 아이였어. 말도 잘하고 학업 관리도 철저했지.

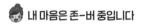

그런데 둘도 없는 사이처럼 지내던 두 아이는 안타깝게도 얼마 뒤에 서로를 투명인간처럼 대하는 사이가 되고, 그들의 우정은 깨지고 말아.

특별히 관계가 나빠질 만한 사건이 있었던 건 아니야. 지원은 어린애처럼 자신만 바라보며 자신을 소유하고 집착하려 하는 다희가 부담스럽고 지긋지긋해졌지. 반대로 다희는 자기를 위해 주는 척하면서 결국엔 자신의 뜻대로 모든 것을 강요하고 그대로 따라 줘야만 직성이 풀리는 지원이 어느 순간부터 폭력적으로 느껴졌어.

의존하려는 다희와 통제하려는 지원, 이 두 친구는 겉으로는 정반대의 성격 같아 보여. 하지만 결국 두 사람 다 내면이 많이 불안한 친구들이라는 공통점이 있던 거지. 서로의 불안이 만나 자물쇠와 열쇠처럼 아귀가 맞아 친해졌다가 결국 그 불안이 팽팽하게 차올라 연결 고리가 뚝 끊어지니 관계 또한 지속하기가 어려워진 거야.

미국의 정신과 의사이자 가족치료사였던 머레이 보웬은 불안도가 높은 사람일수록 누군가에게 지나치게 의존하거나, 반대로 누군가를 지나치게 통제, 조종, 간섭하려는 경향을 갖게 된다고 말해.

가족치료사 살바도르 미누친은 사람 사이에 건강한 관계

관계에도

적당한 거리가 필요해

를 맺기 위해서는 적당한 거리가 필요하다고 말하지. 가족 구성원들이 서로 건강하게 지속 가능한 관계를 가꿔 가기 위해서는 적당한 정도의 **'경계선'**이 중요하다고 말하는데, 이것은 가족 이외 친구 관계에도 적용될 수 있어. 적당한 경계선은 서로 간에 너무 무관심하지도, 반대로 지나치게 의존하거나 간섭하지도 않는 걸 말해. 너무 밀착된 것도, 너무 소원한 것도 서로에게 유익한 관계로 지속되기가 힘들거든. 지금 당장은 이어진다고 하더라도 언제든 쉽게 깨질 수 있는 아슬아슬한 관계가 되고 말아. 적당히 서로의 자율을 인정하면서 애정과 관심을 지속할 때 그 관계는 안정되게 이어질 수 있는 거야.

사람은 누구나 불안한 존재이고, 어떤 관계든 불완전한 사람과 사람이 만나 이루어지는 거야. 불안한 너와 내가 만나 친구가 되려면, 서로가 완벽하지 않다는 것을 인정하고 관계를 가꾸어 나가기 위해 끊임없이 고민해야 해.

나를 함부로 대하는
친구 대처법

혹시 이런 친구를 만나 본 적 있니? 나를 만만하게 보고 함부로 대하는 친구, 마치 내가 자신의 감정 쓰레기통인 것처럼 기분 나쁠 때만 찾아와 온갖 부정적인 감정을 투척하고 가 버리는 친구, 나에게 상처가 될 말을 늘어놓는 친구, 만날 때마다 사사건건 다른 사람의 험담을 늘어놓는 친구, 자기편을 들어 주지 않으면 토라지는 친구, 자기가 필요할 때만 찾아와서 돈이나 물건을 빌려달라 하고 갚지 않는 친구, 이래라저래라 참견하며 자기 뜻대로 하지 않으면 화를 내는 친구 등, 관계 속에서 적당한 거리를 지키고 싶어도 경계를 불쑥 침범해 들어오는 사람들을 만날 때가 있어.

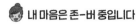 내 마음은 존-버 중입니다

　꼭 이런 게 아니더라도 '이대로 관계를 지속하기엔 마음 어딘가가 계속 지치고 불편하다'라고 느낀다면 한 번쯤은 이대로 괜찮은가 돌아봐야 해. 나에게 소모적인 관계라고 볼 수 있거든. 나한테 전혀 도움이 안 되는 거야. 감정이 상하기만 하지.

　만약 사람들과의 관계에서 본인이 늘 상대편에게 함부로 대해지고 상처 입는 쪽에 가깝다면 꼭 생각해 봐야 할 게 한 가지 있어. 바로 "누울 곳을 보고 자리를 뻗는다"는 말이야. 사람은 누구나 다른 사람과 관계를 맺을 때 상대방이 어떤 사람인지를 본능적으로 먼저 살피게 되어 있어. 그러니 나와의 관계에서 만약 누군가가 지나치게 다리를 뻗으며 내 영역까지 침범해 들어와 누워 버리길 반복한다면, 무례한 상대방의 책임뿐 아니라 절반 정도는 나에게도 책임이 있어. 바로 '누울 곳'을 제공한 책임인 거지.

"호의가 계속되면 권리인 줄 안다"는 말을 들어본 적 있니? 영화 〈부당거래〉에 나온 이후로 유명해진 말이야. 호의를 필요 이상으로 계속 베풀고 있지는 않았니? 상대방에게 맞춰 주느라 내 마음이 보내는 불편함의 신호를 계속 꾹꾹 참고 누르고만 있지는 않았어?

나를 소모하게 하는 사람과의 관계에서는 자신이 지금 불편하다는 걸 과감하게 표현하는 자세가 꼭 필요해. 어딘가 모르게 나를 만만하게 보고 함부로 대하는 친구가 있다면 내가 그래도 되는 사람이 아니라는 걸 말과 행동으로 알려 줘야 해. 감정 쓰레기통처럼 나를 대하는 친구에게는 되도록 무미건조한 반응으로 일관해 봐. 상처가 되는 말을 함부로 하는 친구에게는 "그게 너의 진심이라면 상처가 되고 짜증 난다"고 직접적으로 표현해 봐. 남의 험담에 편들지 않으면 토라지는 친구에게는 "네가 계속 그러면 관계를 지속하기 어렵겠다"고 이야기해 봐. 돈이나 물건을 빌려 가 되돌려 주지 않는 친구가 있다면 다음부터는 단호하게 거절해. 자기 뜻대로만 하려는 친구에게는 "관심은 고맙지만 내 일은 내가 알아서 하겠다"는 말로 불쾌함을 드러내 봐. 내가 원치 않는 것을 요구하는 친구에게는 "그 요구를 들어주기 곤란하다"라고 당당한 태도로 응해 봐. 말로 하기가 정 어렵다면 표정으로라도 티를 내야 해.

만약 이렇게 반응했는데도 상대가 여전히 네 영역을 존중해 주지 않고 다리를 대자로 뻗으려 한다면 그 관계는 '정리' 해도 좋아. 나를 소모시키는 사람과의 관계는 붙들고만 있는 게 결코 좋은 방법이 아니기 때문이야. 그 관계가 지치고 힘들고 계속해서 나를 상처 입힌다면 이별해도 괜찮아. 그게 영 어렵다면 잠시 거리를 두고 휴식하는 것도 좋은 방법이고 말이야. 관계는 결국 쌍방이란다. 그러니 관계에 대한 선택권도, 관계에서의 주도권도 절반은 나에게 있어.

'나의 지분'을 챙기는 연습! 꼭 해 보자!

CHAPTER 04

바꿀 순 없지만
기대하며 버티기

> # 다들 잘 사는데
> # 나만 힘든 것 같아

십 대 친구들을 만나 속마음을 들을 기회가 많았던 내 경험에 따르면, 고민이 없는 경우는 거의 찾아보기 힘들었어. 학업 스트레스, 감정의 어려움, 친구 관계 고민은 친한 친구에게 쉽게 터놓을 수 있지만 가족 고민은 혼자 앓는 경우가 많더라고. 아무리 가깝고 편한 친구 간에도 특히 말하기 조심스럽고 솔직하게 드러내기 꺼려지는 주제가 바로 '가족' 이야기인 것 같아.

준희는 반 친구들 사이에서 활발하고 발랄한 이미지였어. 선생님들이 보기에는 적극적인 학생이었고, 친구들이 보기에는 함께하면 즐거운 아이였지. 하지만 준희는 남몰래 심한 감정 기복에 시달리고 있었어. 심지어 자신을 태어나지 말았어야 할 존재로 여기며 스스로를 해치고 싶은 충동마저 느끼기도 했지.

준희 아빠는 교수님이셨어. 인자한 말과 행동으로 많은 사람에게 존경을 받는 분이었지만, 안타깝게도 가부장적이고 규율이 강하고 폭력을 쓰기도 하는 등 집 안에서와 집 밖에서가 상당히 다른 모습이셨어. 준희 엄마는 그런 남편과 함께 살며 생기는 스트레스를 딸인 준희에게 심한 폭언을 하면서 풀곤 했어. 준희는 가족 안에서 부모의 스트레스를 받아 내는 희생양 같은 존재였어. 준희는 같은 반 친구인 민후가 부러웠어. 귀티 나는 얼굴을 가진 민후가 귀하게 자란 것같아 보였거든.

민후는 어릴 적에 부모님이 이혼한 후로 엄마와 살았어. 민후의 친구들은 이 사실을 아무도 몰랐지. 민후의 엄마는 경제적인 능력이 없었고, 두 번의 이혼을 겪은 후론 어른스럽고 착한 민후만 바라보며 사셨어. "너 때문에 내가 산다"는 말씀을 자주 하셨고, 사람이 강인해야 한다고 하셨지. 그런 말을 들을 때마다 민후는 무거운 책임감을 느꼈어. 학교에선 차분한 모범생 같고 평범해 보였지만, 마음대로 일이 풀리지 않아 스트레스가 커질 때면 폭식과 구토를 했고, 돌아서면 후회가 돼서 괴로웠어. 민후는 부모님의 기대대로 공부를 잘하는 도윤이가 부러웠어. 저렇게 공부만 잘하면 아무 걱정이 없을 것 같아 보였거든.

도윤이는 항상 전교 1등을 놓치지 않고 외모도 '탑티어(최상급)'인 친구였어. 친구들 사이에서 부러움의 대상이었지. 하지만 도윤이 또한 말하지 못한 비밀이 있었어. 전문직이신 부모님을 둔 덕분에 경제적으로 부유하게 자랐지만, 저녁마다 심하게 다투시는 모습을 봐야 했어. 고성이 오가고 집안 물건들이 깨지는 일이 매일이었어. 엄마는 아빠와 싸우고 난 다음 날이면 도윤이에게 심한 말들을 쏟아붓고 괜한 트집과 간섭을 하시곤 했어.

어릴 때부터 그런 일이 반복돼서인지 도윤이는 스스로 자존감이 무척 낮다고 느꼈어. 그런 스스로가 그나마 유일하게 잘할 수 있는 게 공부라고 느낀 후론 악바리처럼 공부만 했어. 그래서 1등을 놓치지 않을 수는 있었지만, 마음은 자주 롤러코스터를 타는 것처럼 불안했지.

더 이야기를 이어갈 수 있지만, 이러한 가족에 대한 고민 릴레이는 이 책을 전부 할애해도 끝나지 않을 것 같으니 여기서 멈출게. 물론 모든 친구들이 고민스러운 가정사를 가지고 있는 것은 아닐 거야. 정말 부러울 만큼 화기애애한 가정

에서 자라고 있는 친구들도 분명 없지 않아. 하지만 안타깝게도 그런 경우는 아주 적어. 상담을 해 보면 크든 작든 가족과 연관된 고민이 있는 친구들이 정말 많더라고.

우리 각 사람은 기본적으로 '내가 겪는 경험은 남들이 다 이해하지 못할 거야'라는 마음을 가지고 있어. 그래서 남들에게 자기 이야기를 하기 꺼리게 돼. 이해받을 수도 없고, 오히려 그것이 알려졌을 때 약점이 된다고 생각하거든. 문제를 터놓고 나누기 어렵다 보니 자신만의 경험의 세계에 갇혀 '나만' 힘들고, '나만' 불행하고, '나만' 못났다는 생각으로 이어지기가 쉬워.

그런데 실제로는 나만 해당하는 경험이 아니라, **'지극히 보**

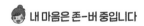

편적인' 경험 중 하나를 내가 겪고 있는 경우가 더 많아. 여기서 오해하지는 않았으면 좋겠어. '보편적인' 일을 겪는다고 해서 그것이 '힘들지 않다'는 말은 절대 아니야. 작은 가시에 손가락만 찔려도 아픔을 느끼는 게 당연한 것처럼, 가정사를 비롯한 우리가 겪는 모든 아픔은 경험하는 사람에겐 아프고 힘든 일이야. 하지만 '나만' 남들이 이해하기 어려울 정도로 특수한 경험을 하고 있다고는 생각하지 마. 그럼 조금 마음이 덜 억울하고 편해질 수 있을 거야.

보편적인 경험이라는 건, 내가 뭘 잘못했거나 또는 내가 억세게 운이 나빠서가 아니라, 어느 누구라도 겪을 수 있는 일이라는 뜻이야. 그러니까 자책하거나 외롭게 혼자 오랫동안 고민하지 말았으면 좋겠어. 네 주변엔 그 시기를 잘 이겨 낸 어른들이 있거든. 도움을 요청해 봐. 또한 책이든, 영화든, 그런 인물들의 이야기를 찾아보는 것도 도움이 되고, 학교에 계신 상담 선생님을 찾아가서 마음을 털어놓는 것도 좋은 방법이 될 거야.

칭찬에 인색한
아빠를 어떡해

부모에게 인정받고 싶은 마음은 누구나 가지고 있어. 아주 어릴 때도 그렇지만, 몸이 꽤 자란 후에도 마음은 여전히 그래. 특히 아들들이 아빠에 대해 더 그런 마음을 강하게 가지는 경향이 있는 것 같아. 우리나라 정서상 대부분의 아빠들이 딸을 대할 땐 비교적 부드러운 편인데(물론 딸에게 무뚝뚝한 아빠도 많아), 아들을 대할 땐 좀 엄하게 하시거든.

가부장제 분위기가 강했던 우리나라 사회 분위기상 아빠도 자신의 아버지(할아버지)에게 어떻게 자식에게 관심을 표현하고 대해야 하는지를 배울 기회가 거의 없었기 때문이야. 하지만 이유가 어떠하든, 아빠가 칭찬에 인색하거나 속마음

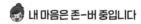 내 마음은 존-버 중입니다

을 잘 표현하지 않으면 당연히 자녀는 거리감과 서운함을 느끼게 돼.

십 대 때 아빠에 대한 내 마음도 그랬어. 아빠가 특별히 내게 큰 상처를 주거나 나쁘게 대한 기억은 별로 없지만, 아빠와 상호작용을 해 본 기억도 별로 많지 않아. 퇴근 후 집에 오시면 아빠는 늘 저녁을 드신 후 TV 앞에 앉아 계시곤 했어. 가족이 다 함께 식사해도 아빠의 시선과 관심은 온통 TV에만 고정되어 있었지. 어쩌다 용기 내서 고민을 꺼내도 아빠는 "사람 사는 게 원래 다 그렇다"라는 기운 빠지는 반응만 하셨어. 그러니 아빠와의 관계가 점점 어색하고 멀어질 수밖에. 아빠가 그냥 벽처럼 느껴졌던 것 같아.

내가 기억하기론 고3 수능 날이었던 것 같은데, 시험을 망쳐서 무척 속상한 마음으로 집에 돌아왔어. 그때 아빠가 덤덤하시던 평소와는 달리 "내 그럴 줄 알았다"라고 말하며 실망한 표정을 내비치셨어. 그때 그 말과 표정이 어찌나 나에게 비수가 되어 박혔는지 몰라. 안 그래도 아빠가 나를 사랑하기는 하는지 의심스런 마음이 가득했던 때라서 서운함이 컸어. 게다가 나를 한심하게 생각한다는 확신을 하게 되니까 더 슬펐지. 지금 돌아보면 그때 내가 정말 듣고 싶었던 말은 "아빠도 속상한데 당사자인 너는 더 속상하겠다. 상황은 이렇게 됐지만 어쩌겠니. 앞으로 어떻게 하면 좋을지 같이 고민해 보자"였던 것 같아. 난 아빠에게 마음이 상해서 한동안 대화를 안 하고 지냈어. 다행히 아빠와의 관계는 시간이 흐르면서 조금씩 회복됐지만, 그때의 일은 나에게 '소통의 방식'을 고민하게 만든 계기였어.

우리가 타인과 소통할 때를 생각해 보면, 한국에서 태어나고 자란 사람은 한국말을 익숙하게 사용하고 미국에서 나고 자란 사람은 영어를 훨씬 편하게 느끼잖아? 이처럼 소통하는 방식엔 자신만의 '모국어'가 있어. 저마다 어릴 때부터 어른들로부터 익숙하게 많이 듣고 자란 소통 방식을 자연스럽게 익혀서 마치 자신의 모국어처럼 사용하게 되지. 대부분의 부모는 자식을 사랑하고, 걱정하고, 또 잘 되길 바라는 마음을 가지고 있어. 하지만 그 속마음을 겉으로 표현하지 못하거나, 마음과는 반대로 상처 되는 말을 할 때가 정말 많아. 그 이유는 상대에게 전달될 수 있는 보편화된 언어를 사용하지 않고 자기한테 익숙한 모국어(소통 방식)를 사용하기 때문이야. 그러니 진짜 속마음이 전달이 안 되지.

그러니 부모의 속마음을 모르겠거나, 나를 정말 사랑하는지 궁금하다면 직접 물어 보는 게 좋아. 아니면, 그때의 내 감정과 생각을 부모님께 숨기지 않고 표현하는 거지. 예를 들면 "아빠의 이런 말을 듣고 내 마음이 이랬어요"라고 말이야. 아무리 부모와 자식 관계라고 해도 말하지 않으면 상대의 속마음을 정확하게 알 수 없어. 부모의 속마음을 자식이 정확히 모르는 것처럼, 자식의 속마음도 부모는 알 길이 없지. 이것을 '지식의 저주'라고 불러.

지식의 저주란 다른 사람과 의사소통할 때 내가 알고 있는 것을 다른 사람도 당연히 알 것이라고 추측하는 왜곡된 인식을 가리키는 말이야. 가족처럼 가까운 사이일수록 내 마음속까지 말 안 해도 당연히 알 거라는 이 '지식의 저주'에 걸리기가 쉬워.

물론 솔직하게 마음을 터놓고 말한다고 해서 드라마나 소설에서처럼 갑자기 어색했던 사이가 좋아지거나, 부모님이 그동안 미안했다고 사과를 하지는 않을 거야. 우리가 바라는 대로, "그랬구나. 사실은 상처를 주려 한 것이 아니라 걱정되다 보니 그렇게 표현하게 된 거란다"라고 말해 준다면 얼마나 완벽하겠어? 하지만 그런 일은 일어나지 않을 가능성이 아주 높아. 부모님 세대엔 그러한 표현 방식이 어색하거든. 그동안 사용해 본 적 없는 '외국어'와도 같아서 손발이 오그라들고 입 밖으로 잘 나오지 않으실 거야. 어쩌면 어색한 상황에 당황해서 더 심한 말을 얼떨결에 해 버리실 수도 있어.

하지만 부모님의 표현이 어떠하든지 상관없이 네가 부모님께 계속 속마음을 표현하면, 일단 그것만으로도 네 마음은 환기가 될 거야. 부모님과 똑같은 방식의 모국어가 아닌, 새로운 방식의 외국어를 연습해 보게 된다는 것 자체에 큰 의미가 있거든. 영어를 잘하기 위해 영어 회화를 연습하듯이 소통하는 방식도 가장 가까운 관계에서부터 연습해 보는 거지. 지금 당장은 부모님과의 소통 방식이 바뀌지는 못하더라도 이 연습을 많이 할수록 친구들, 그리고 사랑하는 가까운 사람들과 마음을 솔직하게 더 잘 주고받을 수 있게 될 거야.

내 마음은 존-버 중입니다

'연기'라고 생각하고 연습해도 좋아. 나에게 익숙하지 않다고 해서 그것이 가식은 아니야. 나와 상대방을 위한 배려라고 볼 수 있어. 처음엔 어렵겠지만 시작해 봐야 변화를 맛볼 수 있겠지. 소통은 습관이니까!

66

나를 통제하는
엄마가 미울 때

99

　유주는 외모나 성격이 아빠와 붕어빵처럼 닮은 아이야. 남편과 사이가 좋지 않았던 유주의 엄마는 어릴 때부터 유주만 보면 아빠와 닮았다는 이유만으로 딸에게 상처가 되는 말들을 쏟아붓곤 했어. 잘못한 게 없어도 기분이 나쁘면 그 스트레스를 유주에게 폭언으로 해소할 때가 많았어. 반면 엄마를 쏙 빼닮은 남동생은 예뻐하고 원하는 모든 걸 들어주셨어.

　게다가 엄마는 유주에게 1등만을 강요했어. 아주 어릴 때부터 각종 학원에 다니게 했고, 밤늦게 녹초가 되어 집에 돌아와도 엄마가 시키는 공부 분량을 다 끝내기 전엔 잠을 잘

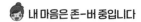 내 마음은 존-버 중입니다

수가 없었어. 울면서 꾸역꾸역 문제집을 겨우 다 풀고 새벽
서너 시가 돼서야 잠드는 날이 많았지. 친구들과 밖에 나가
마음껏 놀지도 못했어.

유주는 이런 엄마의 통제와 간섭으로부터 정말 벗어나고
싶었어. 하지만 엄마가 자식을 위해 고생하고 헌신한 것도 알
기에 무조건 미워하기도 힘들었어. 엄마가 싫고 미운 마음이
들 때면 자신이 불효녀이고, 나쁜 사람이 된 것 같아서 힘들
었어.

유주처럼 부모님을 사랑하면서도 동시에 미워하는, 이러한 양가적인 감정은 많은 사람이 흔하게 느끼는 감정이야. 그러니 너무 죄책감을 가지진 마. 부모를 미워하는 마음이 든다고 해서 내가 나쁜 건 아니야. 부모님으로부터 받은 상처를 소화하고 싶다면 먼저 부모님에 대해 느끼는 부정적인 감정까지도 솔직하게 인정해야 해.

납득할 수 없는 양육 방식이나 교육 방식으로 자식을 힘들게 하는 부모 안에는 그들만의 상처와 불안이 자리 잡고 있어. 자식을 지나치게 컨트롤하는 엄마들 중에 대부분은 "이게 다 너 잘 되라고 하는 거야"라는 말을 하지. 자녀가 내가 말하는 대로 해야만 성공하고 행복할 것이라는 성공 신화를 대부분 갖고 계셔. 사회적으로 성공한(엘리트나 재벌) 부모는 자신이 가본 길을 자식이 따라오지 않으면 안 될 것 같은 막연한 두려움이 있거든. 반대로, 사회적으로 인정을 덜 받는 부모는 자신들이 겪은 불편과 설움을 자녀에겐 물려주지 않아야 한다는 신념을 갖고 있지.

부모들은 모두 자신이 생각하는 행복의 기준과 성공으로 가는 방식에 대한 나름의 기준이 있는 거야. 하지만 그런 부모님이 한 가지 놓치고 있는 것은, 자식과 부모는 독립된 개체라는 사실, 그리고 부모가 살아온 시대와 자식이 살아갈 시대가 완전히 똑같지 않다는 점이겠지. 부모님 세대엔 정답이었던 것이 자식 세대엔 반드시 정답이 아닐 수도 있고, 부모님 세대에 오답이었던 것이 자식 세대엔 정답이 될 수도 있다는 사실 말이야. 하지만 부모님이 스스로 그것을 알아차리기는 어려워. 사람은 나이가 들수록 지금까지 살아온 경험과 다르게 생각하기가 점점 어려워지거든.

부모님과 마음을 터놓고 이야기하고 싶다면, 부모님의 어린 시절 사진을 보여 달라고 해 봐. 사진이 없으면, 학생 땐 어땠는지 이야기를 들려달라고 해 보렴. 부모님이 어릴 때는 어떤 일들이 있었고, 그때 감정은 어떠했는지를 물어 보는 거야. 그 이야기를 듣다 보면 문득 알게 될 거야. 부모님도 처음부터 부모가 아니라 나와 같은 아이였고, 누군가의 자식이었다는 것을. 하지만 어느새 몸이 자라 어른이 되었고, 자식을 낳고 책임져야 하는 부모가 되었다는 걸 말이야.

부모도 몸은 자랐지만 여전히 내면은 불안하고 상처도 받을 수 있는 불완전한 존재야. 세상 어디에도 완벽한 부모는 없어. 그러니 나에게 상처를 준 부모님이든, 나를 버린 부모님이든, 엄마와 아빠를 완벽하지 않은 한 인간으로 바라보는 시선을 가져야 부모님에 대한 원망스러운 마음이 줄어들고 마음의 상처도 회복될 거야.

물론 통제하려는 부모님에 대해 연민의 마음이 들지 않아도 괜찮아. 그 누구도 나에게 상처 준 사람을 용서해야 한다고 강요할 순 없어. 그러니까 마음이 시키는 대로 하는 게 가장 중요해. 다만, 관계를 회복하고 싶을 때 이렇게 해 보라고 권해 주는 것일 뿐이야.

나의 가치는 누군가의 말이나 평가로 결정되는 게 아니야. 나 이외의 사람이 하는 상처 주는 말과 나를 분리해 보는 건 정말 중요해. 상처 입힌 사람이 가까운 가족이어도 마찬가지야. 상처 주는 말과 나를 분리해야 상처받은 나 자신을 위로해 줄 수 있어. 그렇게 하다 보면 부모님의 영향력으로부터 조금은 더 자유로워질 수 있을 거야.

> # 우리 부모님은
> # 이혼했습니다

　수호의 부모님은 이혼하셨어. 헤어지기 전에 아빠와 엄마가 돌아가면서 한 번씩 집을 나간 적이 있었지만 결국엔 돌아왔기에 이번에도 이러다 말겠거니 했는데, 정말로 이혼 서류에 도장을 찍은 거야. 커다란 가방에 짐을 잔뜩 싸 들고 떠나는 엄마를 맨발로 쫓아 나갔던 게 마지막이었어. 이후로 수호는 남동생과 함께 할머니 댁에서 살게 됐어.

　무엇보다 버려졌다는 마음이 수호를 슬프게 했어. 부모님은 수호와 동생의 학업 문제로도 자주 크게 싸웠기 때문에 '내가 좀 더 잘했으면 부모님이 덜 싸우지 않았을까? 그랬으면 헤어지지 않았을지도 몰라' 하는 죄책감이 들기도 했고,

후회도 많이 했어. 수호는 친구들이 부모님과 있었던 이야기를 하거나 가족이 외식한 이야기를 할 때면 너무 부러웠어.

수호가 무엇보다 더 힘든 건 친한 친구들에게조차 부모님의 이혼 이야기를 하기가 쉽지 않다는 거였어. 이혼한 가정의 자녀에 대해 사람들이 가지는 편견과 동정 어린 시선이 싫었거든. 이혼 가정에서 자랐으니 불행할 거라거나 깊은 상처가 있을 거라고 단정 짓는 편견, 안타깝고 불쌍하게 보는 시선이 수호를 움츠러들게 했어. 학기 초에 가정 환경 조사를 할 때 서류를 제출하면 선생님에게도 왠지 흠으로 보일 것 같았고, 나중에 졸업식 때 할머니만 와 계시면 초라해 보일 것 같았어. 남동생은 더 어린 나이에 이런 상황을 겪었으니 마음에 큰 상처로 남진 않을까 걱정도 됐지. 아빠가 경제적으로 힘든데 빨리 취업해 부모님 압박을 덜어드리는 게 나을 것 같아 공부도 손에 잘 잡히지 않았어.

최근 자료에 따르면, 우리 주변에 수호네 집처럼 부모님이 이혼한 친구들이 생각보다 정말 많아. 내 주변에도 그런 친구들이 적지 않거든. 불안정한 청소년 시기에 마음을 터놓을 수 있는 어른이 없다는 건 정말 힘든 일이야. 이럴 때일수록 내 마음을 잘 지키는 게 중요한데, 그 방법을 이야기해 주고 싶어.

첫째로, 나의 부모님을 바라볼 때 완전하고 성숙한 어른이어야 한다는 기대보다는, 미성숙한 면도 있고 실수도 할 수 있고, 한없이 흔들릴 수 있는 나약한 '한 인간'이라는 시선으로 보았으면 해. 앞에서도 했던 이야기이지만 이것이 부모에 대한 상처를 극복하는 데 가장 중요한 포인트야. 나의 부모님이기 이전에 한 인간 대 인간, 여자 대 여자, 남자 대 남자의 입장으로 바라보는 거야. 이렇게 시선을 바꾸려 노력하다 보면 아직은 부모가 이해되지 않고 원망하는 마음이 크겠지만, 시간이 흐르면 점점 상황을 더 포괄적으로 이해하게 되면서 혼란과 원망이 가득했던 자리에 연민의 마음이 생겨날 거야.

둘째로, 자기 자신을 탓하지 말고 스스로 당당해지라는 거야. 너는 엄마와 아빠의 사랑으로 태어난 존재야. 부모님의 결혼 관계가 끝까지 유지되지 못한 건 안타깝지만, 그럴 수도 있는 일이야. 만남이 있듯이 헤어짐이 있을 수 있는 거지. '혹시 부모님의 이혼에 내 탓도 있지 않나' 하는 생각이 조금이라도 있다면, 그 목소리를 음소거해 버려. 부모님의 이혼은 온전히 엄마와 아빠가 해결해야 할 과제이고, 그분들의 몫이야. 다른 사람이 뭐라고 하고 어떻게 바라보든, 그것은 내 잘못도 아니고 내게 흠이 되는 일도 아니야. 그러니 움

츠러들거나 주눅 들 필요가 없다는 걸 기억했으면 해.

셋째로, 부모님의 이혼이 자신에게 미칠 영향에 대해서 미리부터 단정 짓지 말라는 거야. 성인이 되어 얼마든지 사랑하는 사람과 행복한 가정을 꾸릴 수 있어. 물론 부모님의 이혼으로부터 자식이 받는 영향은 무시할 수 없지만, 성장 환경은 결코 태생적이거나 유전인 게 아니야. 오히려 가족 안에서의 위기와 갈등을 보며 관계, 연애, 결혼과 같은 주제에 대해 일찍부터 고민하고 노력해서 성인이 됐을 때 더 좋은 가정을 꾸리는 경우도 얼마나 많은지 몰라.

부모님의 이혼으로 인해 겪은 힘들었던 경험을 자신만의 강점으로 승화시켜 나갈 수도 있어. 이혼 가정 자녀에 대한 사회적인 편견과 시선에 아파해 본 경험이 있다면 이것을 발판으로 자신은 다양한 모습과 방식으로 살아가는 사람들을 더 이해하고 감싸 주는 '넓은 그릇'이 될 수 있을 거야. 그리고 사회적 편견 속에 소외당하는 사람을 이해하는 기회도 될 수 있어. 온실 속 화초보다는 풍파를 겪어 본 잡초 같은 사람이 내면의 힘이 강해질 수 있거든. 남들보다 상황 변화에 좀 더 빨리 적응할 수도 있을 거고. 위기를 겪어도 금방 다시 일어설 수 있는 능력을 뜻하는 '회복 탄력성'이 길러지는 기회도 될 수 있어.

네 주변에 부모님이 이혼한 친구가 있다면, 무언가를 해 줘야 하거나 도와 줘야 한다는 생각 자체를 버렸으면 해. 안타까움, 불쌍함, 동정, 걱정 같은 시선도 거두고. 배려라는 선의의 의도로 지나치게 눈치를 보고 조심하면 오히려 상대에겐 더 큰 상처가 될 수 있어. 다른 친구에게 하는 것과 똑같이 편하게 대해 주면 좋겠어. 그것이 사랑하는 친구에게 네가 줄 수 있는 가장 큰 위로가 될 거야.

　'자우림'이란 유명 밴드의 보컬 김윤아는 어두운 상처들에 공감하는 노래들로 대중들의 사랑을 받았어. 그녀는 최근 한 방송 프로그램에 출연해서 자신이 아버지의 끔찍한 가정 폭력 속에 자란 피해자였음을 고백했지.

　그녀의 아버지는 아내를 때릴 뿐만 아니라, 목공소에 가서 자녀들을 때릴 매를 크기별로 맞춰 올 만큼 무서운 분이었다고 해. 어떤 날은 국이 뜨겁다는 이유로, 어떤 날은 국이 좀 미지근하게 식었다는 이유로 매번 사소한 것에 트집을 잡아 횡포를 부렸지. 그녀는 아버지에 대한 증오를 평생 가슴에 안고 살았는데, '토해 내지 않고는' 참을 수 없었던 그 감

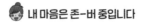

정이 그녀에게 음악을 계속하게 만드는 동력이 되었다고 해.

이처럼 사회에서 자신의 역할을 성실하게 잘하며 살아가는 것처럼 보이는 어른 중에도 어릴 적에 부모한테 상처받으며 성장한 사람들이 꽤 많아. 가정 폭력, 학대, 방임, 외도, 술, 도박 등 사연이 참 다양하지.

이런 환경에서 성장하다 보면 힘없는 어린아이의 입장에서는 아무것도 할 수 없다는 무기력감이 마음 깊숙하게 자리 잡게 돼. 그리고 한편으로는 자신이 그렇게도 상처받고 싫어했던 부모의 모습을 혹시라도 닮을까 봐 두렵기도 하지.

어떻게 하면 내 안에 드리워진 부모의 그림자에 조금이라도 덜 영향받고 자랄 수 있을까? 가장 먼저 해 주고 싶은 말은, 어른답지 않은 부모는 미워해도 괜찮다는 거야. 더 명확하게 말하면, 부모의 그 '잘못된 행동'을 마음껏 미워해도 돼. 그리고 그 부모로부터 나를 보호하기 위해 할 수 있는 모든 대처를 다 했으면 해. 비록 미성년자일지라도 찾아보면 도움을 받을 수 있는 방법이 얼마든지 있거든.

특히 폭력을 쓰는 부모라면 반드시 전문가의 도움을 구해 현재의 상황에서 벗어나야 해. 경찰에 신고하고, 지역 내에 마련된 관련 기관에 연락해 즉각적이고 현실적인 대처가 이뤄지는 게 꼭 필요해. 예방과 재발 방지를 위해서 대처하려는 태도를 취하는 것만으로도 가해자에게 일차적인 각성 효과를 주게 되거든. 문제 상황이 즉시 해결되지 않을 땐 반복해서 도움을 요청하는 게 필요해. 심각한 상황이라면 국가에서 마련한 거처를 이용해 가해자와의 분리 조치도 가능하고, 법률 지원도 무료로 받을 수 있으니 주저하지 마. 이때 '가족에게 이래도 되나' 하는 죄책감은 절대 갖지 마. 이것이 너와 네 가족 모두를 위한 최선의 길이고, 가해자에게도 돌이킬 기회를 줄 수 있는 거의 유일한 방법이니까.

   좋은 가정 환경에서 사랑을 많이 받고 자란 친구들은 어떤 면에서든 티 없이 맑고 빛나 보여. 그들은 사랑을 많이 받아봤으니 더 잘 사랑하며 살아나갈 것 같아 부러운 마음이 들기도 할 거야. 하지만 사랑받지 못했더라도 얼마든지 사랑할 수 있어. 단지 상처를 극복하기 위해 시간이 걸릴 뿐이고, 더 노력이 필요할 뿐이지. 부모에게 이해받지 못했던 사람도, 사랑받지 못했던 사람도 얼마든지 좋은 어른으로 자랄 수 있어. 자우림의 김윤아처럼 오히려 그 경험이 '더 잘 이해'하고 '더 잘 사랑'할 수 있게 해 주는 자양분이 될 수 있으니까 걱정하지 마.

내 마음은 존-버 중입니다

이럴 땐 이런 곳에 도움 요청을!

∨ 가정 폭력, 아동 학대, 성폭력
- 경찰(신고 전화: 112, 전화나 문자 상담: 182)
- 여성긴급전화(국번 없이 1366)
- 해바라기 아동센터(02-3274-1375)
- 탁틴내일(02-3141-6191)
- 경찰서, 지구대, 파출소
- 지역별 가정폭력상담소(연락처는 인터넷 검색!)

∨ 중독(알코올, 도박, 마약 등)
- 각 지역별 중독통합관리지원센터(연락처는 인터넷 검색!)
- 한국도박문제 관리센터(국번 없이 1366)

∨ 기타 어떤 고민이든
- 청소년 사이버상담센터(1388)
- 학교 내 상담실
- 각 지역별 청소년상담복지센터(연락처는 인터넷 검색!)

∨ 무료 법률 지원이 필요할 때
- 한국가정법률상담소(1644-7077)
- 대한법률구조공단(국번 없이 132)

CHAPTER 05

오늘 하루

그러함에도 불구하고
오늘도 버티기

경쟁이 숨 막히고
죽을 것 같아

"헬조선에서 돈 없고 백 없고 공부 못하면 불행하게 산다"고 하는 어른들의 말을 들어 봤을 거야. 우리나라 사회는 전 국민이 추구하는 '잘 산다'는 모델 같은 게 정해져 있는 듯해. 입시에 성공해 좋은 대학을 나오고, 이를 토대로 좋은 간판의 직장을 얻어 돈을 잘 벌고, 비슷한 수준 이상의 배우자를 만나 자식들에게 좋은 조건을 대물림한 후 노후를 안정되게 보내는 길을 정답처럼 여기지.

그런데 정말로 그럴까? 좋은 학벌과 재력을 가진다고 해서 반드시 행복하고 만족스러운 삶이 보장되는 건 아니야. 어딜 가든 경쟁과 비교가 있고, 인간관계에서 갈등을 겪고,

미래에 대한 불안감에 시달리고, 공허함 앞에 흔들리는 등 이런 삶의 본질적인 문제들로부터 자유로울 수 있는 사람은 아무도 없거든.

많은 친구들이 '법조인만 되면', '의사만 되면', '공무원만 되면', '교사만 되면' 마냥 평탄한 인생이 펼쳐질 거라고 생각하며 그것을 목표로 오늘의 희생을 당연하게 받아들여. 그런데 남들이 선호하는 직업을 가지면 과연 정말 행복해질까? 로펌이 밀집된 서초에는 많은 업무량으로 인한 밤샘 근무에 찌든 변호사들이 있어. 병원에는 권위적인 체계와 힘든 수련 속에서 버티는 의사들이 있고, 정부 기관에는 보수적이고 상하 수직적인 조직 문화와 민원 스트레스로 힘들어하는 공무원들이 있지. 학교에는 학생들과 부대끼며 학부모 스트레스와 각종 행정 업무의 부담까지 안고 사는 교사들이 있어. 즉, 어떤 직업이든 겉으론 좋아 보여도 이면에는 '힘듦'이 있다는 거지.

그런데도 왜 어른들은 학생들한테 어떤 특정 직업을 가지면 더 행복할 거라고 막연한 환상을 심어 주며 그것을 푯대로 삼아 달리라고 채찍질하는 걸까? 그건 애석하게도 어른들조차 정답을 잘 모르기 때문이야.

어른이라고 해서 삶에 대한 정답을 알고 있거나, 확고한

철학을 갖고 있지 않아. 그저 조금 더 먼저 살아 봤고, 사는 게 만만치 않더라는 경험을 일찍 해 봤을 뿐이야.

물론 부모님과 선생님의 조언을 귀담아 듣고 참고하는 건 좋아. 하지만 그것을 정답처럼 여기는 건 위험해. 남들이 부러워하는 직업을 가지더라도 우울감, 무력감, 패배감, 번아웃(소진), 불면증 등으로부터 자유롭지 못한 사람들이 많잖아. 그것은 아마도 '자신의 답'이 아닌 '타인의 답'을 붙들고 살기 때문일지도 몰라.

그러니 꼭 생각해 봐야 해. '성공이 도대체 뭘까?', '행복이 뭘까?', '잘 산다는 것이 뭘까?', '열심히 산다는 것이 뭘까?', '왜 경쟁해야 할까?'와 같은 질문을 던지고, 나만의 답을 찾아보는 거지. 아무리 역경과 고충이 있어도 '내가 원해서' 가는 길일 때는 보람과 즐거움이 있으면 버틸 수 있거든. 하지만 '타인이 원해서' 가는 길이면 아무리 좋은 성과를 얻어도 내 것 같지 않아서 공허한 마음이 생길지도 몰라. 그러면 오래 버티기 어렵고, 겨우겨우 버티더라도 그 시간이 너무 힘들 거야.

포기하는 법을
배운 적이 없어서

진로 전문가들은 자신이 좋아하고 잘하는 일을 찾으라는 말을 많이 해 주지. 하지만 그게 생각처럼 쉽지 않아. 일단, 자신에게 어떤 일이 맞는지 알려면 다양한 경험을 해 봐야 하는데, 우리나라 교육 환경에서는 현실적으로 그러기가 쉽지 않거든. 결국 당장 성적에 맞는 학교와 학과를 선택하게 되지.

나도 그런 학생 중 한 명이었어. 어릴 때 그림 그리기를 막연히 좋아하고 주변에서도 '잘 그린다', '수재이다'라는 피드백을 많이 들었거든. 그래서 화가가 되는 것이 꿈이 됐고, 당연히 미대에 진학해야겠다고 생각했어. 그런데 막상 입시 미

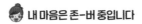

술을 시작하고 보니 너무 천편일률적인 그림을 그려야 하더라고. 그 속에서 회의감이 들었고 그림 그리는 일에 흥미를 잃어갔지.

그러던 중에 예술은 직업보다 취미로 하는 게 좋다는 말을 주변 어른들로부터 많이 듣게 됐어. 좋아하던 일도 직업이 되면 하기 싫어질 수 있다고 하셨지. 좋아하는 일은 취미로 남겨 두고 안정적인 직업을 가질 수 있는 길로 진로를 선택하는 게 낫다고 말이야. 그래서 나는 미대 입시 준비를 그만두고, 다른 친구들과 함께 수능 시험 준비에 매진했어. 당시 인기 학과들은 내가 전혀 흥미를 느끼던 분야가 아니었지만 뭐든 해야 하니 열심히 공부해서 나름 명문이라고 불리는 학교의 취업률 높은 학과에 진학했어.

대학에 들어가서는 학과 공부를 열심히 해서 장학금도 타고, 학과 수석 졸업도 했어. 하지만 솔직히 이것은 모두 미래에 대한 막연한 불안에서 나온 발버둥이었어. 성적이라도 잘 받아 두면 미래에 선택할 수 있는 직업이 많아져서 뭐라도 되겠지 하는 마음이었던 것 같아.

겉으로는 열심히 꿈을 향해 노력하는 학생 같아 보였지만, 결국 대학 졸업반이 될 때까지 진로를 정하지 못하다가 막판에서야 후보군들을 부랴부랴 추리기 시작했지. 그런데 지금 생각해 보면 참 재미있지 않니? 나는 현재 그때 나의 진로 선택지 중에 전혀 없었던 상담심리가이자 작가라는 제3의 직업으로 살고 있으니 말이야.

조금 더 일찍 진로에 대해 명확한 기준을 세우고 준비했다면 어땠을까 하는 생각이 들 때도 있긴 하지만, 한편으로는 그때 다양한 시행착오와 경험들, 그리고 고민을 겪어 봤기 때문에 이후에 다른 직업을 선택하는 데에 큰 도움을 받

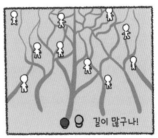

았다고도 생각해.

진로에 대해 딱 하나의 정답을 일찍부터 찾아 일직선으로 달려가는 사람도 있겠지만, 대부분의 경우는 나처럼 여러 가지 요소들이 맞물려 단순하지 않은 길을 가게 되는 것 같아. 때론 무작정 직진도 해 보고, 때론 과감하게 방향을 바꿔 보며 다양한 경험을 하면 나와 잘 맞는 것과 나와 잘 맞지 않는 것을 알게 되지. 마치 객관식 시험을 볼 때 모르는 문제는 일단 확실히 정답이 아닌 문항부터 엑스 표(X)를 쳐 가며 답을 찾아 내는 것처럼 말이야.

삶은 한정된 시간, 돈, 노동력이라는 에너지를 어디에 어떻게 배분하며 사느냐에 따라 각자 다른 모습이 돼. 그래서 뭔가를 선택한다는 것은 동시에 다른 것을 포기한다는 뜻이기도 하지. 그래서 더 늦기 전에 포기하는 법을 배우는 게 중요해. 남들이 가는 길로만 무작정 따라가다 보면 나에게 더 소중한 것들을 포기할 수밖에 없는 상황이 닥칠지도 몰라. 어쩌면 우리가 무언가를 선택하는 지혜보다 먼저 배워야 할 것은 자신에게 덜 중요한 것들을 과감하게 '포기하는' 지혜가 아닐까?

포기는 나쁜 게 아니야, 시작의 또 다른 이름이지.

자신이 무엇을 잘하는지 모르겠고, 하고 싶은 것도 없어서 고민이라는 친구들이 의외로 많아. 주변 친구들은 다들 꿈이 있고 계획도 있는 것 같은데, 혼자만 진로를 못 정한 것 같아 답답하지. 세상에 정말 셀 수 없이 다양한 직업이 있다는데 왜 나만 길을 못 찾고 방황하는 것 같은지 스스로가 한심하기도 하고 말이야.

4차 산업 혁명이라는 말을 많이 들어 봤을 거야. 이제는 하나의 답이 아닌 여러 개의 답을 고를 수 있는 N잡(여러 개의 직업을 갖는) 시대가 되어 가고 있어. 뿐만 아니라, 이전에는 없던 새로운 직업을 스스로 만들어 내기도 해. 과거에는

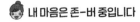

산업화에 필요한 기계식 인재를 길러 냈고, 각 사람이 딱 하나의 작업 라인에서만 일하며 평생직업으로 삼았어. 하지만 이제는 점점 한 사람이 다양한 직업을 갖고 평생 동안 여러 직업을 바꿔 가며 다수의 일을 할 수 있는 시대로 변해 가고 있어.

그렇다면 자신에게 맞는 N잡을 어떻게 찾을 수 있을까? 두 가지를 이야기해 주고 싶어.

첫째는, 공부란 여러 적성(잘하고 좋아하는 것) 중의 하나일 뿐, 인생의 전부가 아니라는 거야. 그러니 공부 이외의 활동들도 해 보면서 자신의 스페셜티(재능, 특장점)를 발견해 가면 좋겠어.

미국의 심리학자 하워드 가드너가 말한 **'다중지능이론'**이라는 것이 있어. 인간의 지능은 다양한 영역으로 나누어 볼 수 있다는 건데 언어, 논리-수학, 신체-운동, 음악, 공간, 자연 탐구같이 객관적으로 인정받는 것들 뿐 아니라 자기이해, 대인관계, 실존적 지능까지도 사람의 스페셜티 중 하나라고 이야기해. 이 중 공부는 여러 지능 중 하나인 논리-수학 또는 언어 쪽에 뛰어난 것이라고 볼 수 있어.

오해하지 말아야 할 것이 있는데, 적성이나 재능이 꼭 어느 분야에 '타고나게' 특출한 것만을 의미하지는 않아. 재능은 어떤 분야에 탁월한 수준에 이를 때까지 지치지 않고 노력할 수 있을 만큼의 자발적인 열정을 의미할 수도 있어.

또한, 한 사람이 가진 기질, 성격, 관심사, 특기, 삶의 경험, 철학, 신념, 가치관, 이 모든 것의 '조합' 자체가 사실은 그 사람의 스페셜티라고 말할 수도 있어. 그러니 서로 100퍼센트 똑같은 재능을 가진 사람은 지구상에 아무도 없는 셈이지. 같은 노래를 불러도 어떤 배경과 음색을 가진 가수가 부르는지에 따라 다른 느낌의 노래가 되듯이 말이야.

둘째로, 직업은 자신의 가치관을 실현하는 수단이자 도구라는 것을 기억해. 직업이 목표가 되면 안 돼. 직업은 생계를 유지하는 중요한 수단이고, 자신이 삶에서 소중하게 여기는 가치를 이뤄 가는 발판일 뿐이야.

'자신이 어떤 가치를 지향하는 사람인지'는 되도록 다양한 경험을 해 봐야 찾을 수 있어. 하지만 우리나라의 빡빡한 학교생활과 입시 환경에서는 그러기가 쉽지 않은 게 현실이야. 그 점을 고려할 때 추천해 주고 싶은 게 있어. 뭐냐면, 자신의 '눈길'이 향하는 곳이 어디인지를 꾸준히 관찰해 보라는 거야. 어떠한 행위에 몰입할 때를 가만히 관찰해 보면 자신의 열정이 향하는 곳이 어디인지 알 수 있어. 책을 읽거나 유튜브를 볼 때 어떤 주제를 자주 클릭하는지 살펴보면 내가 지향하는 '가치'에 대한 힌트를 얻을 수 있지.

조급한 마음을 잠시 멈추고 나는 지금 어디로 가고 있는지, 어디로 가고 싶은지 스스로에게 물어 봐. 단, 꿈과 목표는 달라. '꿈'이 평생에 걸쳐 추구할 가치이자 목적이라면, '목표'는 그것을 이뤄 가는 과정이자 수단이야. 가려고 하는 대학과 학과, 가려는 회사나 가지려는 직업은 모두 꿈이 아닌 수단이지. 원하는 대학에 가고, 원했던 직업을 가졌더라도 그것은 목표를 이룬 것일 뿐, 꿈이 완성된 것은 아니야.

만약 특정 대학과 직업을 꿈으로 삼으면, 나중에 그것을 이루고 나서 공허해지거나 길을 잃을 수 있어. 그러니 방향을 잃지 않고 나아가도록 안내해 주는 나만의 계획을 오늘부터 하나씩 세워 보면 좋겠어.

세월이 흐르고 나를 포장하던 소속과 지위가 사라져도 인생의 방향성이 확실하다면 언제, 어디서, 어떤 모습으로든 나의 자리에서, 나의 방식으로, 묵묵히 꿈을 이루며 하루하루 만족하며 살 수 있을 거야!

> # 불행하다는 생각이
> # 계속 들 때

나에게도 학교를 그만두고 싶고, 죽고 싶었던 적이 있었어. 고등학교 때였는데, 너무 마음이 답답해서 혼자 화장실 한 칸에 들어가 앉아 숨죽이고 울었지. 퉁퉁 붓고 빨개진 눈을 누군가에게 들킬까 봐 찬물로 눈을 황급히 가라앉히고 교실로 돌아간 적도 몇 번 있어.

지금은 좀 달라졌지만, 내가 학생일 당시엔 0교시라는 아침 보충 수업과 '자율'이라는 이름을 빙자한 강제 야간 학습까지 있었어. 꼭두새벽에 무거운 몸을 겨우 일으켜 아침 일찍 학교에 가 온종일 북적한 교실에서 지내다 야간 학습까지 끝내고 집에 돌아오면 11시가 넘어 있곤 했어.

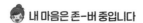 내 마음은 존-버 중입니다

원래도 체질적으로 몸이 약한 편이었는데 거의 매일 만성 수면 부족과 피로감에 시달리니 몸이 자주 아프곤 했지. 빈 틈 없이 짜인 시간표대로 지내느라 충전할 시간조차 없이 무리 안에서 무한 경쟁을 하는 삶이었어. 가족도, 친구도, 선생님도, 그 밖의 인간관계 또한 제대로 누리지 못한 채 활기 없는 삭막함만 가득한 시기였던 것 같아.

남들이 나를 볼 땐 외모도 괜찮고, 공부도 잘하는 모범생에 교우관계도 무난한, 딱히 문제를 찾아볼 수 없는 학생이라고 생각했을 거야. 하지만 내 마음의 세계는 그렇지 않았어. 마음 둘 곳도, 쉴 곳도 없이 마모되는 하루하루가 반복되는 것 같아 죽고 싶을 정도였지.

내가 상담한 학생들 중에도 하루하루를 꾸역꾸역 버티는 아이들이 많았어. '지나가다 저 차에 치이면 학교에 가지 않아도 될까', '저 다리에서 뛰어내리면 좀 편해질까' 같은 생각을 하는 십 대 친구들을 상담 시간에 만날 때면 그 애들의 마음이 이해되었어. 나도 '이제는 좀 편해지고 싶은데 다른 방법이 없는 것 같아'라고 생각했던 경험이 있으니까.

꼭 죽음에 대한 충동이 아니더라도, 이따금 멍하게 하늘을 올려다보며 '나는 누구지?', '난 왜 살지?'와 같은 생각을 하게 될 때가 있어. 나라는 사람이 왜 존재하는지, 내가 어떤 목적을 가지고 태어난 건지, 지금 무엇을 위해 살고 있는지, 그저 이곳에 우연히 던져진 존재인지 아니면 누군가가 나를 목적을 가지고 만들었는지… 이런 질문들에 대해 과학, 철학, 심리학, 종교 등 여러 분야의 사람들이 저마다 다른 답을 수 세기에 걸쳐 제시해 왔어. 많은 사람들의 말을 참고할 수는 있겠지만, 자기 안에서 이 질문들에 대한 답을 찾지 못하면 내가 누구이고, 왜 사는지에 대한 질문에 아마도 평생 답을 하지 못할 거야.

생각을 조금만 다르게

우리 마음은 원래 만족보다는 불만족, 즐거움보다는 고통에 예민하게 세팅되어 있는 것 같아. 가만히 흘러가는 대로 내버려 두면 마치 중력의 법칙처럼 우리의 마음이 불만족과 불행, 고통으로 흐르도록 되어 있다고나 할까? 하지만 삶에 대한 우리 마음속의 생각을 다음과 같이 두 가지로 바꿔본다면 조금은 다를 수도 있어.

첫째로, **행복과 만족감에 대한 생각**이야. 많은 사람들이 행복해지기를 바라. 하지만 행복이 뭐냐고 물으면 확실하게 답

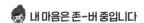

하지 못하는 경우가 많지. 대부분은 그냥 '유쾌한 기분이 지속되는 상태' 정도를 막연하게 떠올리는 것 같아. 그런데 과연 행복한 삶이 가능하긴 한가? 글쎄, 쉽지는 않은 것 같아. 자기중심성을 지닌 인간들끼리 부대끼며 제한된 자원을 나눠 쓰고 살아가는 한, 어쩔 수 없이 고통이 따르고 지옥같이 느껴지는 부분이 생겨. 또한 인간은 신이 아니기 때문에 모든 것을 통제할 수 없는 불완전한 존재야. 그래서 행복이 아닌 불안이 기본값이야. 실제로 기쁘고 만족스러운 순간보다 매일 비슷한 일상이 반복되고, 아무 특별한 일도 일어나지 않는 날들이 더 많아. 그래서 만족을 느끼는 구간보다 무료함(지루함), 불만족, 불편을 느끼는 구간이 훨씬 길지.

하지만 그런 순간들을 견뎌 내다 보면 가끔씩 편하고, 좋고, 희열이 느껴지는 순간들도 있어. 그러다 다시 삶의 애환을 느끼는 긴 구간으로 들어가고, 이렇게 반복하는 게 인생인 것 같아. 신학자 C.S. 루이스는 "삶은 원래 고통으로 가득차 있고, 우리가 갈망하는 행복과 안전은 마치 긴 여행길에 잠시 들러 원기를 회복하는 여관과도 같다"라고 말했어.

'행복'이 뭐냐고 물으면 '모든 것이 채워진 만족감'을 떠올리는 사람도 많아. 그런데 실상은 어떨까? 대부분 완전한 만족을 느끼는 순간이 거의 없거나, 있더라도 아주 짧아. 원했던 무언가를 갖거나 이루어진다고 해도 만족스럽고 충족감을 느끼는 기간이 잠깐이거든. 사람의 본성 자체가 '이미 가진(이룬) 것'에는 금방 적응해 버리고 '채워지지 않은 또 다른 것'으로 금방 시선을 돌리기 때문이야.

재미있는 사실 하나는, 만족감이란 결핍이 있어야 느낀다는 거야. 목마른 느낌을 알아야 갈증이 채워질 때의 시원함을 알 수 있고, 배고픔을 알아야 포만감도 알 수 있지. 결국 만족과 행복은 희, 노, 애, 락이 골고루 섞여 있어야 느껴지는 거야.

둘째로, **삶의 인과관계와 통제력에 대한 생각**을 바꿔 볼 필요가 있어. 우리는 그동안 학교에서 "노력은 배신하지 않는다"는 인과관계 법칙을 당연한 진리처럼 배웠어. 마치 딱 떨어지는 수학 공식처럼, 내가 어떤 인풋(노력)을 하면 그만큼의 아웃풋(좋은 성과와 결실)이 나와야 정상이고, 그렇지 않을 땐 나의 인풋(노력)이 잘못됐거나 부족했기 때문이라고 말이야.

하지만, 실제로 살다 보면 그렇지 않을 때가 더 많아. 노력해도 결과물이 좋지 않을 때가 얼마나 많은지 몰라. 인간에게 무력한 면이 있다는 걸 알게 되지. 그런데도 노력을 강요하면 괴로워져. 신학자 리안홀트 니버의 〈평온을 구하는 기

도문〉에는 이런 구절이 있어.

"신이시여, 우리에게 바꿀 수 없는 것을 받아들이는 평온함과 바꿔야 할 것을 바꿀 수 있는 용기, 그리고 그 둘을 분별하는 지혜를 주소서."

나 아닌 다른 사람, 그리고 외부적인 상황과 사건들, 이미 지나간 과거는 바꿀 수 없어. 우리가 바꿀 수 있는 건 '나 자신'이 거의 유일해. 그것도 '지금 이 순간 현재를 살고 있는 나 자신'에 한정되지. 이것처럼 어떤 게 통제할 수 있는 것이고, 어떤 게 통제할 수 없는 것인지만 잘 구분해도 감정 소모를 줄일 수 있어.

통제할 수 없는 문제들 때문에 무력감이 느껴지니? 그럴 때는 5년 뒤, 10년 뒤의 모습을 잠시 머릿속에 그려 봐. 내가 지금 겪고 있는 상황, 고민을 그때도 하고 있을까? 아마도 아닐걸. 그러니까 내가 해결할 수 없는 것까지 다 걱정을 끌어안고 있지 마.

마음의 영양제, 감사 일기

———

'감사 일기'를 써 본 적 있니? 여기서 핵심은 '더 나쁘지 않음'에 대해 감사하는 거야. 오늘 있었던 일 중에 불만스러웠거나 힘들었던 일들을 떠올려 봐. 그리고 그것들 각각에 대해 "비록 ~했지만 ~하지 않음에 감사하다"라고 적는 거야. 만족스럽지 않지만 더 나쁘지 않았음에 감사하는 거지.

"비가 와서 축축하고 기분 나빴지만 맑은 날도 있음에 감사하다."

"졸리고 몸 컨디션이 안 좋았지만 병에 걸린 건 아니니까 감사하다."

"성적이 떨어졌지만 복구 불가할 정도로 바닥을 찍은 건 아니라서 감사하다(바닥을 찍었다면 이제 더 내려갈 곳도 없고 올라갈 일만 남았으니 감사하다)."

🧒 내 마음은 존-버 중입니다

매일 '더 나쁘지 않아서 감사한' 목록을 쓰면 상향평준화 되어 있던 내 삶의 기대치를 현실적인 수준으로 조정할 수 있게 돼. 모든 사람의 첫 시작점이 빈손으로 태어난 '제로(0)'였다는 것을 잊지 마. 제로에서 마이너스로 끝없이 추락하지만 않아도 꽤 정상적으로, 괜찮게 살고 있는 거야.

　감사 일기는 긍정심리학 분야의 전문가들이 매우 추천하는 방법이기도 해. 여러 심리학자들이 감사가 가진 놀라운 힘을 과학적으로 증명하기도 했지. 감사 일기는 낙관적인 삶의 태도를 갖게 하고 자신의 삶을 긍정적으로 평가하게 해주지. 청소년 시기엔 스스로에 대한 지나친 실망감과 죄책감, 무력감을 느끼기도 하는데, 감사 일기는 긍정적인 피드백을 수시로 자신에게 주기 때문에, 지속적으로 쓰다 보면 심리적 안정감을 얻을 수 있어. 앞으로의 나에게 더욱 긍정적인 기대감을 얻게 될 거고. 마음의 영양제가 될 수 있겠지?

> ## 고통은 피할수록
> ## 커져 버려

어려운 일이 생기거나 마음이 힘들면 이런 생각이 들지?

'왜 하필 나에게 이런 일이 일어난 걸까?'
'내 인생은 왜 잘 풀리지 않지?'
'세상에 나쁜 사람들도 많은데 왜 나만 손해를 봐야 해?'

아래는 그런 기분이 들었던 날에 내가 썼던 일기야. 제목은 '울고 싶었던 날에'야.

울고 싶었던 날에

크든 작든 어떤 시련 앞에서 본능적으로 이런 질문이 튀어 올라온다.
'Why me?' (왜 하필 나지? 왜 나에게 이런 일이 일어나야 할까?)
짜증도 나고 화도 좀 난다.

하지만 한참 후 또 다른 질문이 문득 올라온다.
'Why not me?' (왜 나만은 절대 아니어야 하지?)
'Then who?' (그럼 고통을 당하기에 합당한 사람이 세상에 누가
있겠어?)

우리에겐 저마다의 삶에 각자만의 사연과 어려움과 아픔이 있다.
세상은 본래 이렇게 눈물과 고통이 많은 곳인데
왜 나에게서만은 시련이 꼭 피해 가야 하겠는가….
언제나 수월하고 쉽게 물 흐르듯 한 일들만 내 삶에 벌어지란 법이
있겠는가….
어쩌면 이것이 더 지극히 정상적인 삶의 물결을 살아 나가고 있는 모
습인 것을.

'삶의 거센 물살을 피할 수 없다면 그냥 가만히 힘을 빼고 그 물살을
타고 가야지.'
긴장과 힘을 좀 더 빼자 마음먹으니 답답하고 좌절되던 마음이 좀
나아지는 기분이 들었다.

최근에 떠오르는 심리 치료법 중에 **'수용전념치료'**라는 게 있어. 이 치료는 심리적인 고통은 나만 특별히 겪는 비정상적인 것이 아니라, 인간이라면 누구나 겪을 수 있는 정상적이고 보편적인 것이라는 전제에서 시작해. 삶에서 이 당연한 요소인 고통을 피하려고, 혹은 통제하려고 애쓰면 그럴수록 오히려 더 심한 고통을 경험하게 된다는 거지. 마치 늪에 빠졌을 때 허우적거리면 늪으로 더 깊게 빠져드는 것처럼 말이야.

그렇기 때문에 수용전념 치료는 고통과의 전쟁을 치르려 하지 않고, 그것을 당연하게 받아들이고 끌어안으로고 해. 그것이 고통을 가장 적게 경험하는 방법이기 때문이야. 고통은 인생에서 반드시 제거되어야 할 것이 아니라, 언제 어디서든 불쑥 나타나는 동반자라는 인식을 가지라는 거야. '고통이 있을지라도' 자신에게 소중한 삶의 가치를 이루기 위해 행동에 전념하는 것이 이 치료의 방향이야.

수용전념 치료는 **'관찰하는 자기'**라는 중요한 개념이 있어. 관찰하는 자기란, 고통의 상황에서 느끼는 자신의 경험을 마치 다른 사람의 고통인 것처럼 바라보는 것을 뜻해. 내가 유체이탈해서 나를 바라본다고 생각하면 이해가 쉬울 거야.

왜 굳이 그렇게 관찰해야 하냐고? 고통스러운 상황에서

느끼는 나의 감정, 생각, 신체 감각과 같은 것들은 나를 둘러싼 일시적인 '상태'일 뿐, 나라는 '존재' 자체는 아니기 때문이야. 하지만 많은 사람들이 그 '고통스러운 상태'가 곧 '나'라고 생각하고, 그 고통 안에 머물러 괴로워하고 있는 것이 사실이야. 그러니 혹시라도 고통 가운데 있다면 흘러가는 대로, 변화하는 대로 가만히 두고 그저 지켜보렴. 겨울이 지나면 봄이 오듯이 고통은 지나갈 테니까.

고통스러운 생각, 감정, 신체 감각이 느껴질 때마다 그것을 빨리 없애거나 줄이기 위해 예전에 습관적으로 했던 행동들이 있지 않니? 무작정 폭식하거나, 게임을 하거나, 자해를 하거나, 술을 마시거나 하는 행동 말이야. 혹시 그런 게 있다면, 그것으로 바로 넘어가기 전에 잠시 멈춰. 내가 왜 이 행동을 하려고 했는지, 내가 지금 어떤 상태인지를 알아차렸다면, 잠시 동안 아무것도 판단하지 말고 가만히 있어 보는 거야. 그리고 그런 나를 조용히 바라봐. 마치 하늘에서 나를 내려다보는 것처럼.

그런 다음에 심호흡을 깊게 한번 해 봐. 현재 느끼는 고통 속에서 올라오는 감정, 생각, 신체 감각 같은 것들을 나쁘다, 해롭다 같은 판단 없이 그냥 '있는 그대로' 알아차리려고 해봐. 우울한 기분을 느낄 때 '난 우울한 사람이야'라고 판단하

지 말고 '내 마음에 비가 내리고 있구나' 하고 인정하는 거야. 죽고 싶다는 생각이 올라올 때 '나는 죽어야 하는 사람이구나'라고 판단하지 말고 '죽음을 충동질하는 검은 안개가 스쳐 지나가는구나'라고 받아들이는 거야.

내 마음은 존-버 중입니다

나의 감정은 내가 아니야. 나의 느낌도, 나의 생각도 내가 아니야. 느낌이란 일시적이고 시시각각 변할 수 있는 '실체가 없는' 무언가야. 그저 나를 둘러싼 상태이고, 현상일 뿐이야. 옷이나 날씨와도 비슷해. 그러니까 내 안에 어떤 감정, 생각, 신체 감각이 올라와 불쾌함이 느껴질 때 너무 심각하게 여길 필요 없어. 내 마음에 잠시 머물다 가는 것뿐이야. 마치 불편하게 껴입은 옷처럼, 축축한 날에 끈적이게 느껴지는 공중의 습기나 코끝에 불쾌하게 와 닿는 냄새처럼 여겨 보면 어떨까?

> ## 버티는 즐거움을
> ## 알아가는 연습

심리 치료 중에 실존 치료라고 불리는 **'로고 테라피'**라는 것이 있어. 《죽음의 수용소에서》라는 책으로 유명한 빅터 프랭클 박사가 만든 치료법이야. 오스트리아의 심리학자이자 홀로코스트 생존자로 유명한 프랭클 박사는 수용소에서의 경험을 바탕으로 이 심리 치료 요법을 만들었어.

여기서 '로고'는 '의미'를 뜻해. 프랭클은 인간을 움직이는 일차적인 동기를 **'의미를 추구하고자 하는 동기'**라고 설명해. 그는 수용소 생활을 했던 경험을 바탕으로 삶의 이유(why)를 아는 사람은 삶의 어떠한 어려움(how)도 견뎌 낼 수 있다고 말해. 사람이 절망하는 것은 고통 자체 때문이 아니라 고

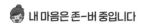 내 마음은 존-버 중입니다

통의 이유와 의미를 알지 못하기 때문이라고 말하지. 지금 겪고 있는 고통에 의미가 있다고 믿으면 고통이 느껴져도 살아낼 수 있다는 거야.

'불행하고 희망이 없는데 왜 살아야 하지?'

———

고통의 상황에서도 '왜 살아야 하는가'를 고민하는 것만 봐도 우리가 '의미'를 얼마나 중요하게 생각하는지 알 수 있어. 그런데 사실 이 '의미'라는 것은 어느 한순간에 명확하게 찾아지는 게 아니라, 살아가며 찾아야 하는 과제야. 그래서 십 대 땐 왜 살아야 하는지에 대한 삶의 '의미'를 아직 알지 못해도 괜찮아.

과거에 대한 후회와 미래에 대한 걱정, 불안이 생겨도 휘둘리지 말고 지금 현재를 살아야 해. 이것은 과거에 대해 반성하지 말라는 뜻도, 미래를 위해 아무런 대비를 하지 말라는 뜻도 아니야. 과거의 기억에 붙잡혀 있거나, 미래만을 위한 도구로 지금 현재를 삼지 말라는 거야.

오늘을 오늘답게 살자는 거지.

행복해지는 방법을 모른다면

———

　강남 학원가에서 스타 강사로 유명한 한 선생님이 방송에 출연해서 "행복해지는 방법을 모르겠다"며 고민을 털어놓았어. 그는 사교육계에서 남부럽지 않게 성공했는데도 행복하지 않다는 거야. 그동안 고통과 불행을 피하려고만 열심히 살아왔을 뿐, 행복이 뭔지 모르겠고 삶이 허망하게 느껴진다고 했어.

　그의 말을 유심히 듣고 있던 정신건강의학과 전문의 오은영 박사님은 사람은 결국 진정한 사회적 관계 맺음을 통해 행복을 느낀다고 조언해 주면서, "행복이란 마음이 어느 정도 편안하고 주변의 소중한 사람들과 그럭저럭 잘 지내는 것"이라고 말해. 그리고 이때 마음을 깊이 나눌 사회적 관계의 사람은 평생에 걸쳐 2~4명의 소수만 있어도 충분하다고 얘기해 줬지.

　맞아. 마음을 나눌 친구를 사귀고, 나도 누군가에게 친구가 되어 줘야 해. 그러면 불행과 절망으로 가득해 보이는 내 삶에도 꽤 살아갈 '이유'와 '의미'가 생겨나.

　'병실 유튜버'로 유명한 클레어 와인랜드는 태어나면서부터 낭포성 섬유 질환이라는 불치병을 앓았어. 시한부 생명을 타고난 그녀는 평생을 병실에서만 지내다 2018년 21살의 나이로 세상을 떠났지. 그녀는 자신과 같이 온갖 병마에 시달리며 시한부 생명을 살아가는 사람들에게 유튜브로 삶의 희망을 전했어. 비록 짧은 생을 살다 갔지만, 그녀가 전한 삶의 가치는 많은 사람의 마음에 아직도 감동으로 남아 있어.

그녀는 이렇게 말했어.

"삶이라는 게 그냥 행복하고 건강하게 살라고 있는 것만은 아니다. 주어진 환경에서 내가 뿌듯해할 수 있는 선택을 하라."

삶이 언제나 건강하고 행복하지만은 않아. 그녀가 경험한 삶은 아픔과 고통 중에서도 자유롭게 가치와 의미를 향해 나아가는 것이었어. 기쁠 때 마음껏 기뻐하고, 슬플 때 마음껏 슬퍼하며 순간순간을 '스스로가 뿌듯하게' 살아내는 것! 그것이 삶이라고 말했지.

'코로나가 끝나면', '내가 건강해지면', '내가 대학만 가면', '내가 어떤 것을 가지면'과 같은 내 앞의 결핍과 고통만 쳐다보며 그것이 나아질 순간까지 삶다운 삶을 미뤄 두고 기다리고 있지는 않니?

고통에도 불구하고 지금 이 순간 내가 할 수 있는 보람된 선택을 하며, 나한테 허락된 '오늘의 몫'만큼 감사하며 살길 바라. 그러한 긍정의 마음으로 삶을 살아간다면, 내가 사람들 속에서 남긴 추억과 소중히 여겼던 가치가 이 세상에 향기로 오랫동안 남을 거야.

그것 아니? '사랑', '사람', '삶'은 모두 '살다, 살리다'라는 뜻에서 나온 말들이래. 사람 사이에서 사랑하며 삶을 살아감으로 행복해지길 응원할게!

내 마음은 존-버 중입니다

존버를 격렬히 응원하며

독일의 의사이자 게슈탈트 치료라는 유명한 심리 치료법의 창시자인 프리츠 펄스는 우리 마음이 '지금-여기'에 머무르며 순간순간의 감정, 생각, 신체 감각, 주변 환경을 생생하게 느끼면서 살아갈 때 진정으로 행복할 수 있다고 말해. '소중하게 여기는 가치'를 향해 '지금 당장 할 수 있는 것'을 하며 오늘을 살자는 거지.

조금 과격하게 표현하면, 머리가 너무 복잡하고 마음이 절망적일 땐 그냥 '닥치고 존버'하는 것도 필요하다는 거야. 이유를 하나하나 따져 묻지 않고, 과거도 미래도 아닌 일단 '오늘 하루치'만큼만 존중하며 버텨 보면 어때?

'존버'할 때 가장 힘이 되는 건, 마음을 나눌 수 있는 가까운 사람이야. 사람 때문에 힘든데, 또 역설적으로 사람 때문에 힘을 얻거든. 사람 때문에 상처받지만 사람 때문에 성숙해지고 말이야. 결국 최소한의 '존버'조차 되지 않는 이유는 내가 나약해서, 또는 상황이 너무 최악이어서가 아니야. 이 고통의 무게를 조금이라도 함께 나눌 사람이 주변에 없기 때문이지.

그리고 때로 크고 작은 힘든 일을 겪을 때 힘듦 자체보다도 힘들지 않아야 한다는 강박의 마음이 우릴 더 힘들게 할 수 있어. 나 자신이 유약한 것 같아서 자책하기도 하지. 힘듦을 충분히 감정적으로 소화하기도 전에 빨리 벗어나려고 버둥거리는 건 좋은 방법이 아니야. 섣부른 발버둥은 오히려 갯벌에 빠진 두 발처럼 우리의 의지와는 반대로 힘을 줄수록 더 아래로 아래로 빠져들게 하거든.

십 대 때 나도 그랬어. 남들처럼 의연하게 감정을 잘 조절하지 못하는 것 같아서 괜스레 눈치 보고, 마음껏 힘들어하지 못하고, 울고 싶어도 마음껏 울지 못했어. 그런데 최근, 객관적으로 누가 봐도 많이 힘들 만한 상황인데도 무조건 참고 삭히려는 내 모습을 보면서, 그 시절의 어린 내가 오버랩되는 거야. 이미 어른이 되었음에도 힘들어하지 않으려고 애쓰는 소녀의 모습이 여전히 남아 있던 거지.

결국엔 그렇게 애쓰면 애쓸수록 반대로 더 깊은 무기력의 수렁으로 빠져들고 말았어. 그러다 도저히 혼자서는 소화하기 힘든 정도가 되어서야 평소에 존경하고 의지했던 한 선생님께 마음을 털어놓고 조언을 구했지. 그때 그분이 이런 말씀을 해 주셨어.

"정말 내가 사랑하는 사람이 비슷한 일을 겪었다면 너는 그 사람에게 무슨 말을 해 주었을 것 같니? 그 말을 떠올려 보고 같은 말을 나 자신에게 해 주면 좋겠어."

아마도 사랑하는 친구나 소중한 누군가가 나와 같은 일을 겪고 있다면 빨리 이겨 내라고 책망하는 대신, 충분히 힘들어해도 괜찮다고 토닥여 주었을 거라는 생각이 들었어. 그런데 정작 나 자신에게는 엄격하게 굴면서 그렇게 하지 못했던 거지.

왜 그런가 돌아보니, 나에겐 십 대 시절부터 '힘들어하지 않아야 한다'는 강박 같은 게 있었던 것 같아. 그리고 그 뿌리에는 '너무 힘들어하는 것은 유약한 것'이라는 강한 신념이 자리 잡고 있었어.

이 신념이 어디에서 생겨났는지 거슬러 올라가 보니 십 대 시절에 아빠와 대화를 나눌 때마다 자주 느꼈던 감정이 생각났어. 우리 아빠는 경제적으로 어려운 가정에서 태어나 여러 시련을 이겨 내고 자수성가한 분이셨어. 그래서 감정적으로 행동하는 건 유약한 것이고, 어떤 역경이든 이겨 내야겠다고 마음만 먹으면 그럴 수 있다는 신념이 강하셨지.

어른이 된 지금은 나도 아빠를 이해하지만, 어릴 땐 아빠의 그런 사고방식이 힘들게 다가왔던 것 같아. 그러면서도 아빠 앞에서는 스스로 무엇이든 척척 해내고 극복해 내는 강인한 모습을 보여서 인정과 사랑을 받고 싶었어. 힘들어도 울면 안 된다고 생각했었고, 혹시라도 눈물이 날 땐 아무도 없는 곳에 숨어서 몰래 울었어. 어쩌다가 남 앞에서 눈물이 날 때가 있으면 감정을 주체하지 못하는 내 모습이 부끄러웠고 말이야.

어느 순간 돌아보니 나도 아빠가 내게 했던 말들을 하며 나 자신을 대하고 있더라고. '빨리 이겨 내야지', '뭐 그 정도 가지고 힘들어하니', '그렇게 마음이 약하면 어떡해'라고 말이야. 힘듦을 느끼는 나를 존중하며 받아들이는 방법을 몰랐던 거지. 하지만 최근에 들었던 선생님의 조언 덕분에 다시 나를 돌아보게 되었어.

🧑 내 마음은 존-버 중입니다

남몰래 혼자 속으로 삼키며 숨어 울었던 나에게, 버거운 마음을 일기장에 담으며 감정을 억눌렀던 나에게, 그 시절로 돌아간다면 이 말을 가장 먼저 해 주고 싶어. 그리고 그때의 나와 비슷한 모습으로 꾹꾹 참아 내는 너에게도 똑같은 이야기를 들려주고 싶어.

"마음껏 힘들어해도 괜찮아."

"울고 싶을 땐 마음 놓고 울어도 돼."

"화가 나는 건 당연해."

"네가 유약한 게 아니라, 누구라도 힘들 만해."

"힘들 땐 충분히, 마음껏 힘들어하렴."

십 대와 이십 대를 지나 어느덧 삼십 대가 되고 보니 점점 감정에 솔직해지는 내 모습에 애정과 만족감이 생겨. 하지만 어른이 된 지금도 스트레스를 많이 받는 날엔 교복을 입은 '십 대' 소녀의 모습으로 돌아가 유쾌하지 않은 꿈을 꾸곤 해. 그만큼 나의 청소년기는 내적으로 쉽지 않았던 시간으로 기억에 남아 있다는 뜻이지.

그렇기에 지금 그 시간의 터널을 현재 진행형으로 지나고 있을 너에게 말해 주고 싶어. 너는 지금 결코 쉽지 않은 혼란의 시기를 지나고 있는 것이라고. 하지만 도종환 시인의 시처럼, 흔들리지 않고 피는 꽃이 없고 비바람에 젖지 않고 피는 꽃이 없을 뿐이니, 그 시기를 '존버(네 마음을 존중하며 버티기)'하며 지나갈 수 있기를 진심으로 응원해!

마음을 그리는 심리상담사

김세은(웰시)

내 마음은
쫀-쫀 중입니다

초판 1쇄 발행 2022년 7월 25일
초판 4쇄 발행 2024년 5월 31일

지은이 웰시(김세은)
펴낸이 홍석
이사 홍성우
인문편집부장 박월
편집 박주혜·조준태
디자인 김희우
마케팅 이송희·김민경
제작 홍보람
관리 최우리·정원경·조영행

펴낸곳 도서출판 풀빛
등록 1979년 3월 6일 제2021-000055호
주소 07547 서울특별시 강서구 양천로 583 우림블루나인 A동 21층 2110호
전화 02-363-5995(영업), 02-364-0844(편집)
팩스 070-4275-0445
홈페이지 www.pulbit.co.kr
전자우편 inmun@pulbit.co.kr

ISBN 979-11-6172-843-8 44180
ISBN 979-11-6172-842-1 (세트)